第四屆海洋事務論壇
海洋事務與兩岸合作的新思維

會 議 實 錄

主辦單位

東海大學政治學系　東海大學公共事務在職專班

指導單位

行政院大陸事務委員會　行政院海岸巡防署

協辦單位

亞太和平發展基金會　漢珍數位圖書公司

會議地點與時間

東海大學省政大樓
2010 年 5 月 12 日

序　言

　　覆蓋著地球七成面積的海洋是生命之搖籃，人類來自於海洋，故不能自外於海洋。近年來，隨著科學技術的進步與陸地資源的枯竭，開發與保護海洋資源儼然成為目前世界各國的重要國策，舉凡航運交通、水產漁業、生態保育、觀光休閒、能源探勘、潮汐發電、緝毒走私、海事安全、領海紛爭、海嘯防範、以及港市合作等包括海面上下的課題皆已迫在眉梢。對於四面環海的台灣而言，海洋相關政策無疑是左右著未來國家興衰的關鍵。馬英九政府上台後，所提出的「藍色格性、海洋興國」的理念便是對此課題之回應。而隨著兩岸關係的和緩，顯示著台灣的海洋政策亟待新的策略思維與合作方向。

　　今日，海洋政策已不再單純是自然科學層面的問題，而是擴大至政治、經濟、以及社會學範疇。東海大學政治學系有鑑於過去國內社會科學界在海洋相關研究的不足，故在行政院海岸巡防署（海巡署）的指導及補助下，自民國 97 學年度起，每學期舉辦一次海洋事務論壇，以期在強化學術交流的同時，亦能促進國人對於海洋事務的理解與熱情。

　　由於有過舉辦三屆海洋事務論壇的經驗，而且每次也深獲各界的好評，因此，第四屆時我們擴大舉行。除了海巡署繼續給我們支持外，行政院大陸事務委員會及亞太和平基金會亦共襄盛舉，並補助此次活動款項。同時，在出席的來賓中，我們很榮幸地請到國家安全會議詹諮詢委員滿容與海巡署鄭副署長樟雄於開幕式中致詞。而國防部楊副部長念祖則是給我們一場精闢的演講。本屆論壇的參與者除了國內北、中、南部一時之選的學者應邀參加引言外，復旦大學政治系的臧教授志軍及南京大學政府管理學院的楊教授丹偉遠道而來、親臨與會，實是蓬蓽生輝。

　　本校程海東校長對本系所有學術性活動向來鼎力玉成。此次亦不例外，除親臨主持開幕式、致贈紀念品外，並午宴款待貴賓，使人有賓至如歸之感。程校

長這種大家長規範足為全體政治系師生尊崇之楷模。當然，本系專任教師高少凡教授及陳建仁教授亦是功不可沒。從規劃、聯繫、安排、模擬、演練至實際運作皆親自參與。而其帶領的碩士班研究生們亦不負眾望，表現可圈可點，使得整個論壇會議的進行不但順利而且穩當。至於本系大學部同學們的踴躍參與、座無虛席，也為此次論壇留下一段佳話。總之，第四屆海洋事務論壇的舉行可說是圓滿成功。

為了鞭策我們繼續對台灣海洋政策的學術研究與教育推展提供棉薄之力，我們決定將此次海洋事務論壇的記錄出版。不但希望各界能給我們批評與指教以為未來改進之方向，而且盼望有更多的學子與人士能積極參與海洋事務論壇為國家海洋發展貢獻一己之力。職是之故，特為此序以為記。

東海大學政治學系系主任　宋興洲　謹誌

目錄

序言 3

壹、論壇議程 6

貳、開幕式致詞
一、東海大學校長 7
二、國家安全會議諮詢委員 10
三、行政院海岸巡防署副署長 12

参、專題演講:「現階段台海情勢與國防轉型」
✧ 國防部副部長 15

肆、第一場次:海洋事務與兩岸合作新思維的理論基礎
一、臧志軍教授 29
二、蔡明彥教授 33
三、張子揚教授 37

伍、第二場次:海洋事務與兩岸合作新思維的實踐
一、楊丹偉教授 41
二、甘逸驊教授 45
三、許湘濤教授 48

陸、圓桌論壇:「兩岸海洋事務的合作:困境、策略與展望」
一、邱坤玄教授 51
二、臧志軍教授 54
三、楊丹偉教授 55
四、甘逸驊教授 57
五、袁鶴齡教授 59
六、宋鎮照教授 61

柒、附錄
一、會議總結與政策建議 65
二、活動籌備紀要 69

後記 73

壹、論壇議程

時　　間	議　　程
10:00~10:30	**開幕式** 東海大學　　　　　　　　　　　　程校長海東　　致詞 國家安全會議　　　　　　　　　　詹諮詢委員滿容　致詞 行政院海岸巡防署　　　　　　　　鄭副署長樟雄　　致詞 東海大學政治學系　　　　　　　　宋主任興洲　　　致詞
10:30~10:45	茶　　敘
10:45~11:50	**專題演講：「現階段台海情勢與國防轉型」** 國防部楊副部長念祖
12:00~13:30	午　　宴
13:30~14:30	**第一場：海洋事務與兩岸合作新思維的理論基礎** 主持人　傅恆德　東海大學社會科學院院長 引言人　臧志軍　復旦大學政治學系系主任 　　　　蔡明彥　中興大學國際政治研究所所長 　　　　張子揚　南華大學國際暨大陸事務學系系主任
14:30~14:40	休　　息
14:40~15:40	**第二場：海洋事務與兩岸合作新思維的實踐** 主持人　邱坤玄　政治大學東亞研究所所長 引言人　楊丹偉　南京大學政府管理學院教授 　　　　甘逸驊　政治大學國際關係研究中心副研究員 　　　　許湘濤　東海大學政治學系副教授
15:40~16:00	茶　　敘
16:00~17:30	**圓桌論壇：兩岸海洋事務的合作:困境、策略與展望** 主持人　宋興洲　東海大學政治學系系主任 與談人　邱坤玄　政治大學東亞研究所所長 　　　　臧志軍　復旦大學政治學系系主任 　　　　楊丹偉　南京大學政府管理學院教授 　　　　甘逸驊　政治大學國際關係研究中心副研究員 　　　　袁鶴齡　中興大學國家政策與公共事務研究所所長 　　　　宋鎮照　成功大學政治學系系主任
17:30~17:40	閉　　幕　　式

貳、開幕式致詞

一、東海大學程校長致詞稿

謝謝高老師的介紹，在此歡迎參加這次與會來賓，今天非常榮幸能夠邀請國防部楊副部長，目前有我們的國安會詹諮詢委員，還有我們這個海巡署的鄭副署長，以及遠道而來的復旦大學臧志軍主任，當然還有我們這次論壇的主辦單位，社會科學院院長傅恆德院長與政治系的宋興洲主任。

我站在這個台上面對著我們的傅院長，以及我們的宋主任阿，我們的政治系舉辦了相當多屆的，有關於海洋事務的論壇，這股熱忱以及動力，政治系是不遺餘力的，我也相信這次參加論壇的同學，都能夠得到相當大的收穫，所以本人代表東海大學，竭誠歡迎各位與會的貴賓與來賓，以及我們寶貴的學生。

今天這個議題，第四屆海洋事務為主題的這個研討會，也許對大陸為主的國家來，海洋不見得是那麼熱切相關的議題，地理的處境、經濟貿易建設或是政治外交才是主軸，但是台灣畢竟是一個海島國家，我們是四面環海的，因此氣候的變遷從南到北各有所不同，除了這些自然環境上的不同、生態的不同、水源的不同，當然，我們面對這樣的地理處境，也不得不深思如何才能發揮台灣的長處，以及避免短處。從地理學上來看，整個東亞地區的島國，從北的日本、韓國、台灣、菲律賓到南邊的印尼等東南亞國家，都是整個西太平洋地區相當重要的地理要衝，台灣正處於這個地區的中心；如果以國防上，或是航運交通、漁業發展等來說，台灣是一個很重要的地理位置，由於這樣的海島型開放性，所以針對的一些臨海的紛爭或者這些緝毒走私、海事安全以及港市之間怎麼去合作，這變成一個非只是單一國家的重要議題，而是相關周遭國家之間的共同問題。在加上這個地球暖化，地質資源漸漸得枯竭，科學的進步，這使得我們認知到這個世

界變平了,時間與空間的距離被拉短了,地理性的分割已經不再是用海或是陸地、河流來定義。而某種程度上,變成無疆界的國與國關係,縱使是海島國家也不再有這種地理上的限制,因此我們要面對的問題是相當多的,譬如說,海上救難,在無法分出是我國或是他國的事務的情況下,因此,就不去應急嗎?當然,會考慮到領海主權的問題,但是更應該考慮到的是我們的漁民,以及船隻上的人民的安全。那如果有犯罪事項是否可以引渡?在國與國之間或是地區與地區之間,我們是不是應該打破這些疆域的限制?能夠在這方面我們也希望得到一些的共識,所以,我們早期常常在中國歷史上看到這個春秋五霸、戰國七雄,各地分據的這個局面,常常就是因為一座山或是一片海,就可以獨占一方,成為地區之霸,這種情況在現在已經無法達成這樣的局勢,不要說是外力的介入,就連內部的這種小勢力都很難侵犯這些地區之霸,這種情況在現在已經無法呈現。那如何在這樣多元化的情境之下解決困難呢?是一個必須去討論的重要問題。

過去,在我們政治系宋主任的領導之下,舉辦過三屆的海洋事務的論壇,其結果是相當豐碩的,前前後後已經有三十來位的學者與會參加,許多有關於海洋事務的專家也相當的多,這使得學生們在求學的過程中,對於海洋的事務有更多的參與以及熱

圖 1:本校程校長海東開幕致詞

情。所以為了能夠繼續的提升,以及累積海洋事務研究的能量,以及加強海峽兩岸的海洋事務合作與交流,我想這是政治系在舉辦第四屆海洋論壇中的是一個相當重大的意義。

談到這個海洋問題,我們也不得不正視海峽兩岸的問題,目前鬧得沸沸揚揚的兩個問題,第一件是 ECFA 以及陸生來台的採認學生與學歷的問題,這兩個問題,在海峽兩岸之間,特別是在台灣這邊,是一個相當重大

的要解決的問題，不知道在今天的討論之中，會不會接觸到這樣的議題。然而，這些議題在某些層面上其實已經不是屬於學術面，或是教育面能夠解決的問題，或者經濟面或建設面的問題，而是一個執行面上的問題，而如何能夠在執行面上擁有更好的配套措施，能夠達到我們能夠走出去的這個目的，是更為重要的。歷史上曾經有過非常非常多的見證，要能夠開放的國家才能夠有他的成就，擁有高度包容的國民才能夠得到世界的尊重，所以在這麼一個特殊的且相當好的議題之下，我們第四屆的海洋論壇非常感謝我們國安會詹委員的出席，海巡署與國防部代表的出席，以及大陸學者的參與，大家彼此共同交流，一起討論這個海洋問題。謝謝大家的參與，我祝大會順利成功。

二、國家安全會議詹諮詢委員開幕致詞稿

鄭副署長、傅院長還有臧主任，各位先進各位同學大家好，今天非常高興能夠再次回到東海大學來，能夠有這個機會跟同學切磋，以及參加第四屆海洋事務論壇。那麼在宋主任還有高老師的全力規畫之下，今年特別擴大舉辦，邀請大陸的先進學者一起共襄盛舉。

圖2：國家安全會議詹諮詢委員滿容致詞

在兩岸關係越趨緊密的今天，自從馬政府上任以來，馬政府就不斷推動兩岸事務上的交流與合作，雙方目前已經簽署了十二項的協議，其中跟海洋事務有相關的協議包括有三項，一個是海峽兩岸的海運協議，還有兩岸共同打擊犯罪以及司法互助的協議，以及海峽兩岸漁船船員勞務合作協議。所以今天舉辦這個論壇，以兩岸合作的新思維做為討論的主題，特別具有深遠的意義。那麼早在一年前，高老師跟我提起這一屆規劃的內容，我就全力的支持，並且也得到我們國安會祕書長的認可。

海洋事務，他所包含的範疇相當廣泛，不僅包括軍事、政治，比較傳統上的安全，也包括非傳統上的安全，譬如說經濟、科技、社會、法律、環保、衛生以及勞工方面的議題，所以各位可能知道我們參與的 APEC，今年將在日本，明年將在美國舉辦，都以非傳統的安全，也就是人類安全為主軸，而海洋事務，所謂的 maritime security，海洋安全，也包括了區域的這一個範疇，舉凡氣候變化對於海洋的影響、海洋環境保護以及汙染的防治、海洋生物生態的發展、海運航海安全、海洋資源的管理以及永續發展，包括生物以及非生物的資源、小島的開發以及水下文化的遺產等等；

海上的犯罪問題,包括恐怖主義、海盜、海上人口販賣等海員的安全以及權利的保護;海洋科學的研究、爭端解決機制,國際的協調與合作等等,都是海洋事務的內容。然而,今天海洋事務已經逐漸朝向跨議題以及跨部門的方向來發展,有越來越多的國家認為必須要有系統的整合來管理海洋事務,透過這麼一個整合,來平衡社會、經濟以及環境的這三個層面的議題。因此海洋事務必須在國家、區域以及全球的三個層次來採取跨部門的合作,並且強化國際合作與協調的工作,台灣位處於西太平洋的一個海域,不論是對外貿易或是石油天然氣、漁業等海洋資源與產業,在四面環海的情況之下,不僅凸顯出台灣戰略地位的重要性,也凸顯了海洋對於台灣的重要意義。回顧歷史,在冷戰的時候,台灣由於位居於西太平洋的中間要塞,協助了美國軍事上的西太平洋防線,此外,台灣也經歷了 1990 年後冷戰時期,亞洲四小龍的經濟突飛猛進的階段,還有 97'、98' 年亞洲金融危機,2008 年全球金融危機等等的風暴,我們依然堅持以自身經濟與民主的基礎,致力於全球的相互聯結。因此,以台灣海島經濟作為發展基礎,海洋便是總體發展的重要命脈,這個區域的和平發展,對於台灣而言是非常重要的,有鑒於此,我們應該積極推動海洋事務的合作,也可以透過兩岸的合作基礎,為區域以及全球多贏的局面創造更佳的成績,最後謹祝今天會議圓滿成功,盼望海洋事務在未來能夠成為兩岸以及我國與國際合作交流的合作推動基礎。

圖 3:程校長海東贈禮於國家安全會議詹諮詢委員滿容

三、行政院海岸巡防署鄭副署長開幕致詞稿

詹委員、復旦大學的臧主任,我們政治系宋主任,還有我們各位師長、同學,大家早安。那今天有這個機會來參加我們東海大學第四屆的海洋事務論壇,感到特別的榮幸且高興。那麼在這次的論壇當中的主要主題就是海洋事務與兩岸合作的新思維,我想這個主題目前可以說是最切題的,在這個主題之下,邀請了兩岸的學者專家來與會,以共同探討、交流與合作,那麼我看你們的節目表中,也看到了幾篇論文的發表,海洋事務與兩岸合作新思維的基礎、實踐還有論壇,各篇的報告可以說是對兩岸合作有相當大的貢獻。還有主辦單位本次的舉辦,本人在此表達最高的敬意與謝意。

二十一世紀,這個海洋可以說是一種機會,也是一個責任;是風險的來源,也可以說是一種新經濟的來源,那麼在馬總統兩年前就任以後,特別提出藍色革命,海洋興國的這個施政目標,那麼他督促政府、要求政府,希望能夠成立一個統籌的、專責的事務機構,同時也希望能夠增進民眾對於海洋意識的一個提升、海洋科技的研法、海洋產業的運用、海洋的保護,讓台灣的子孫能夠永永遠遠的享受這個海洋,那麼前提是台灣必須成為保護海洋、重視海洋的海洋國家,他提出了這麼一個海洋的施政理念,當然最近各位可能都能從新聞上得知,政府在 2012 年政府的組織改造將會完成,在完成之後,秉持著馬總統的指示,在行政院的二級機關裡面也設立一個海洋委員會,那麼由此單位來統籌、協調、調度與整合二十三個部會的海洋事務,那麼目前海巡署是二級機關,我們將會轉型成為三級機關,隸屬在於海洋委員會的二級機關之下,專門來貫徹執行二級機關的海洋政策,我想這樣的話,二級機關

圖 4:海岸巡防署鄭副署長樟雄致詞

貳、開幕式致詞

與三級機關都有專責的單位在處理，這樣對於海洋的保護、重視、科技等等都會有相當大的成長。

在這邊也跟各位特別報告，將來的海洋委員會並不是海巡署的轉型，目前的海巡署大概是以海巡的執法與海事的服務為主，但這樣是不夠的，這樣不是一個海洋國家，要轉型成為一個真正的海洋國家，就要把海洋的科技、海洋的文化、海洋的產業、海洋的研究發展都容納進來，所以目前初步有一個共識，可能透過考選部，來甄選相關的海洋科系的學生來投入到我們這個行業，這樣的話，台灣才能真正成為一個海洋國家。這個也是一個好消息，假如各位同學對這個有興趣的話，你們就好好的準備，也歡迎你加入我們的陣容。

那麼過來一點要特別說明與報告的，剛剛詹委員也特別提到的，因為兩岸現今的穩定和平發展，可以說是對台灣的安全、台灣的經濟發展可以說是一個非常重要的課題，那如何維持這個兩岸的穩定與和平的發展，這是政府目前努力的方向與目標，那麼剛剛詹老師也有所指示，江陳會在去年與前年這兩年當中，舉行了四次，

這四次會議中的十二項簽署的協議，其中有三項是與我們海巡有密切的關係，那麼第一項就是兩岸共同打擊犯罪，第二項是海運協議管理，第三項是船員與勞工的合作協議把他納入一個機制，這三項協議可說對我們海巡署是非常非常的密切。海運安全，剛剛詹老師也有指示了，人道的救援、搜救，可以說是無國界的，那麼在兩年前已經舉辦過一次了，那麼今年大概是在十月底，由我們海巡署來策畫，相關單位也支持，在海峽兩岸的金門與廈門的這塊海域，準備執行大規模的海岸搜救與海洋汙染防治的演練，這屬於海事安全的這一塊。那麼在兩岸共同打擊犯罪的這一塊，第三次江陳會簽訂了以後我們執行得非常的愉快，我們最近也提供了很多的情資，給予大陸的邊防，尤其是福建。上個月，分別在大陸的漳州以及廈門查到了 K 他命 150 公斤與 177 公斤，這個就是一個很好的共同打擊犯罪，我們把我們的情資通知大陸公安單位，公安單位便隨著我們的情資來埋伏、逮捕罪犯，這變成是一個很好的交流平台與基礎。船員的勞務合作這方面，以往也有發生過，少數的大陸

圖 5：程校長海東贈禮於海岸巡防署鄭副署長樟雄

勞工，他根本不會捕魚，他是內地來的，他來的目的根本不是在捕魚，而是在做其他的用途，所以這樣的話就有所謂的模糊地帶，在去年這個勞務合作協定納入管理以後，我想就非常的方便，把他納入機制了，大陸這方面先經過篩選、訓練、有意願並且做過身家調查，同時納入保險，同時給他基本工資，然後當他們都審核過了以後，再 Fax 到我們台灣這邊，我們台灣在做一個 double check，認為都沒有問題了，再正式引進，這些才是真正的勞務船員，真正的漁工。我想，把兩岸的模糊地帶透明化、納入機制，這才是兩岸主要合作以及要努力的方向，我在這裡也利用這個機會將這個實務面跟各位師長同學來報告。

那麼這次東海大學也相當的用心，邀請到我們大陸的臧主任來參加，我想透過兩岸學者共同努力，攜手同心合作，促進共榮，那麼就海洋事務這一塊，共同的來加以努力、認真、用心，我想對於兩岸百姓，無論是生命也好，財產也好就有更深一層的保障。那麼個人除了表示對大陸臧主任的來訪表示歡迎以外，也希望主任能夠到台灣的各處去走一走，了解台灣的繁榮、了解台灣的進步以及台灣的多元化，最後敬祝這次大會能夠圓滿成功，各位師生、同學身體健康。

參、專題演講：「現階段台海情勢與國防轉型」

國防部楊副部長專題演講

宋主任、在座的詹諮詢委員、大陸來的臧主任以及各位老師、同學大家好。今天很榮幸有這個機會跨進東海大學的校園，我對東海大學的校園是印象非常深刻的，我的很多在中山大學教書的同事都是東海出身的，可見東海的優秀。

我常常說人生跟世界常常是表現出一個現象，這個現象可以用一句大家可能聽過的俗話來形容，就是計畫趕不上變化，變化趕不上閒話，什麼是閒話呢?就是輿論與民意，我所顯示的意義就是說，我們的確是在一個非常變動的一個環境，那我們在一個變動的因素裡面常常會受到一些影響，往往我們過去所學以及所使用的工具要因應這些複雜的變動與影響會顯得不足。當然，在學術界裡，我們必須要用我們的學術經驗以及理論的判斷，來修正我們的分析工具，以及提供夠多新的解釋現象的一個方法，這是我們的工作，但是，我們常常也聽到一個 change 的名詞來因應民意的轉變，當然一般在我們生活我們逐漸感受到，不只是有認識到而已，感受到這個環境的變化，以及挑戰越來越多，對於這個主政者會是對於政府的期待的心情也越來越高，由於事態變化得太快，加上期待性的高，對於政府的這個團隊在處理事情的認知上、態度上等就會產生相當大的壓力，所以要求改變的是一個整體環境的態勢，所產生的影響，所以各位可能也許感受到人類社會以及環境正處於一個轉變的過程當中。

所以今天我要跟各位報告的，也是計畫跟不上變化，我跟各位所提供的 Power Point 是我同事的精心傑作，這個 Power Point 本身對我來講是為我今天要位各位說明的一部分，他並不代表國防部的任何政策，也不代表部

會的基本立場,只是我要跟各位報告說明的內容,所以各位不要誤以為是國防部的政策就完全引用,我會否認的。今天我在口頭說明時,我不會按照大會所提供給各位的資料來做報告,我會結合海洋論壇事務的這個精神,分幾個段落來報告我的認知與經驗。我的報告分為幾個段落,第一個是對於亞太的基本認識與其發展的態勢,這裡面包含了一些地緣政治以及經濟的發展的狀況以及幾個國家處理事情或作為的原則,第二部分,在這樣的地緣政治環境的環境變動之下,有哪些比較 converge 的共同性趨勢,這個趨勢呈現出什麼樣的意義,第三個,我要跟各位報告我所認知的台灣在這樣一個變動的環境與趨勢的轉變當中我們所處的機會與挑戰在哪裡,同時在這樣的一個背景之下,如何去認識我們的地理位置以發展因應這樣的一個機會與挑戰,來做為我們未來發展的一個構思。在這樣的一個戰略思維條件之下,作為一個中華民國國軍,要做哪些事情?如何扮演好我們的角色與功能?以來支撐我們國家未來發展的需要,大概分這幾段來做一個簡單的說明。

首先,我以這張地圖(亞洲安全環境)作為我的開頭,從這邊開始認識到我們地緣戰略的發展趨勢,我們之所以要把我們所處的這個 2010 年的環境跟我們過去生長的環境作為一個區別,就是長期處於一個冷戰階段,也就是從二次大戰 1950 年開始一直到 1991 年,蘇聯解體,華沙解體後的世界的地緣政治的變化,一個很重要的現象就是全球化的一個發展,各位可能有念過許多全球化的書籍,但是唯一能夠感受到全球化的事情,我認為有兩件,一個是資訊的聯結,就是資訊網路的聯結,這是把所有的人都 connected 起來;第二個是商品經濟的聯結是最大的一個現象,所以今天,任何一個國家出產一項新產品,或者這項產品還沒進入世界市場裡面流通,你就已經知道這個商品的存在,他的特性以及他的價格或是他的功能等等。所以資訊加上商品經濟的這個作用,真的是改變了人類的生活想法與習慣,那麼資訊與商品經濟帶給地緣政治的現象是什麼呢?第一個就是需求增加了,第二個供應也增加了,那各位如果念過簡單的經濟學,需求跟供應的增加代表著貿易增加了,那

貿易增加了，會影響到 communication 與交通 transportation，在這樣的一個地緣環境裡面，我們看到的地緣政治的情況是兩個現象，第一個現象就是各個國家，都趁著這樣的交通的聯結、資訊的聯結以及商品經濟的一個聯結或是貿易的聯結等等，藉這樣的一個環境，來去推動自己國家內部的現代化，modernization，為什麼呢?因為這是一個機會，你必須把這麼新的一個人與人之間、經濟與經濟之間、地區與地區之間、國家與國家之間的一個聯結器的運用，來獲得更大的利益。各位曉得，一個國家內部力量的形成，你不能夠完全獨立自主，在這樣的一個聯結裡面與過去的世界是不一樣的，如果現在這個世界的特性如果是聯結的話，那你就必須要從這個角度去考慮自己國家力量的形成跟他所面臨的挑戰以及如何解決問題的方法，這是一個思維的改變，這個思維改變很重要。所以，這也改變人類的一個想法，也就是他不是從一個狹窄的地域觀念，或者本身自己國家的一個觀念去看問題，他必須超越，誰能夠優先想到這麼一個超越的特性，那他就有更大的一個發展動力，誰能夠在這個社會裡面，主政者、領導者都好，告訴所有的人，我們必須要超越自己的思考，在這樣一個環境的變化，以及我們在裡面的生存能力，那形成這樣的共識，這一個國家的發展就會超越其他國家的發展，所以我們今天所競爭的已經不是一個 domestic 的一個競爭環境，而是在一個聯結的環境裡面去做思考，這是第一個特性；第二個特性，在這樣一個情況之下，你需要什麼條件呢?當然是一個和平穩定的環境，沒有和平穩定、安定的環境如何去談發展?各位如果想到這個問題的話，就會想到說，為什麼今天這個世界的趨勢，大家都不願意去談到戰爭或者是衝突，當然戰爭與衝突在局部地區與局部國家還是會出現，但是，至少，對大家來說，如果你想把自己生活水平調高，有更多的錢跟能力，去享受這些商品經濟以及提升這些能力，你當然需要一個和平穩定的環境，當然和平安定並不是人家給你的，而是要自己去創造的，所以各個國家試圖去壯大自己，進入聯結的一個環境，他必須要提供和平與安定的環境才能夠做這些事情，所以這也是相輔相成的，對於主政者來講，必須

要的一方面，讓老百姓能了解到這個趨勢的挑戰性，第二方面他必須要結合大家的共識，你只有安定與和平，大家才能夠埋頭努力去做事情，第三件事情，在這過程當中，如何去把自己的利益去做一個精密的計算，這個精密的計算靠的是要了解自己，要能夠去發揮你的長處，來減少你的短處，這要靠整體社會的菁英來帶動民意，甚至是提供政府作為一個優質的決策，才能夠發揮到這樣的一個功能，這是一個很大的挑戰。為什麼呢？如果在一個民主政治的環境裡面，你會有很多的意見，剛剛也有提到的，計畫趕不上變化，變化趕不上閒話，你必須要把你的耳朵貼在地上聽聽民意怎麼說，你必須要很忠實的告訴你的民意代表，與你的社會輿論，說，做這些事情我是負責任的，而且為什麼要做，你不做的話明天就會後悔。所以學校的教育環境裡面，為什麼我們的菁英或是學術團體，他所做的研究必須要與民生作為結合，必須要跟政治做結合，我們除了純粹做學術研究之外，但是隨著環境的改變，我們必須要跳出這個環境以跟民生結合跟政治結合，他才能夠產生功能，以提供這個社會更多資源來作保障自己利益的工作。所以以上我跟各位報告的就是，這整個的一個地緣政治的變化，他是有一個特性的，他這個特性就是人類社會運作的趨勢已經不一樣了、人與人之間的互動也不一樣了，他同樣會影響到主政的思維，以及對人民造成一個改變的壓力的一個感

圖 6：國防部楊副部長念祖專題演講

覺，這是第一件事情跟各位做報告。

那麼第二件事情呢，在地緣政治這樣的特性的一個改變，我們看到的是什麼情形，我們看到的是在亞洲地區，尤其是東北亞、東南亞以及我們西邊的中國大陸，都有產生根本性的變化，這根本性的變化，第一個就是，你會發現，很多的國家都已經快速的覺醒（wake up），而且是迎頭趕上，迎頭趕上最快的就是中國大陸，尤其是

過去五年來我們看到中國大陸的一個變化，以及他因應公共事務的能力都在調整與提升，對於世界的影響，那更為巨大，尤其是在金融商品也好，或是在於投資貿易以及其他產業規模也好，都已經是躍升為世界重要的地位。中國大陸現在的經濟地位已經佔全世界的第二位，不管是產能也好或是投資，都是世界的第二位。再看另外一個國家，韓國，現在他有朝鮮半島的問題，但是他已經成為在日本，以及中國大陸之後，在亞洲來講，算是一個領先的經濟體一個國家力量，再往南看，ASEAN，也就是我們的東協地區，他們也在做改變，改變最大的新加坡，也是一個很重要的經濟體，如果以各別國家來講。然後再看越南，他也是一個很重要的經濟體，雖然他還是一個共產體制，但是他做了一些經濟改革，以至於對外的聯結速度是相當快的。我們剛剛看的是各別國家的情況，再看他對整個世界的經濟影響是什麼關係呢?你會發現，在台灣周邊，都是世界前五名的經濟體，西邊的大陸是 No.2，我們上面的日本 No.3，韓國、東協都在前五名之內，所以台灣是處於一個世界前五大的經濟體範圍的裡面，他對世界影響有多大，那真是不可言喻，所以他舉足輕重的一個經濟環境。那你再看，這些國家，不管是東北亞也好、東南亞也好或是我們西邊的中國大陸也好，我們東邊的美國也好，他是 No.1，這些國家被什麼東西包圍，被海洋包圍，不管是貿易也好，或是 raw material 也好，或者是 energy 也好，百分之九十以上都需要靠海路，尤其是我們西邊的中國大陸，他對於資源貿易依賴的需求，是無可言喻的，還有我們上面的日本、韓國還有我們自己在內，對於資源的需求也是無以言喻的，因為我們不產油，也不產能源，日本也是一樣，韓國也是如此。那再看貿易，那更不得了。我加入政府，尤其是到國防部去，最感到印象深刻的事情，一打開雷達電腦資訊網路，在台灣周邊，繞過台灣、飛過台灣的船隻，或者是空中的交通也好，那真是多如牛毛，數也數不清。所以我們處在一個世界上最活躍的能源、資源以及貿易的網絡裡面，而圍繞在我們身邊的，都是經濟大國，這對我們產生了一個什麼樣的認知呢?換句話說，當他們在聯結、在壯大的時候，我們能不作為

嗎?何況,我們西邊的中國大陸還有東協已經成為一個貿易區了,為什麼我們今天政府講說我們不能置身事外,一定要加入這個區域,因為一聯結以後,他們就會有更優惠的關稅,更有競爭力,假如我們台灣今天要生存的話,不靠貿易,那要靠什麼?你不在這個環境跟人家聯結的話,你如何做你的生存規劃?不容易,所以你必須要這麼做。

所以第三個,我們今天要跟大家講到的就是我們所處的地位,就是在一個變動的經濟、地緣政治的過程當中,你如何找到一個你的地位,你的特性,以及在這個地位特性裡面,你有的機會與挑戰是什麼,那你要更清楚,這是我們政府要做的事情,而且政府要找出我們的出路與機會之後,要跟老百姓有互通以及跟民意代表有互動,我們今天感到最大的挑戰就是,我們在這樣一個迅速變動的環境裡面,別人都已經在做了,我們是不是要迎頭趕上?而我們最重要的是什麼,是時間,時間、金錢與共識,大家來努力,這是我們最重要的要做的事情。所以我們首先要把我們所處的環境看清楚之後,那我們要做什麼事情?其實我們要作什麼事情跟其他國家的認知是一樣的,你必須要創造一個和平穩定的環境來壯大自己,你沒有和平穩定的環境的話,你如何壯大自己?所以各位看看,近來這兩年,新政府所做的這些努力就是要做這些事情。為什麼要跟中國大陸進行這麼多的交涉與談判,為什麼要擱置爭議來進行交往政策,主要的目的就是要創造出一個和平穩定的環境。一個不和平穩定的環境,人家不會來,要如何讓別的國家來看台灣,我剛剛說到的,要站在一個高度去看我們所面臨的挑戰與我們的機會。他大家都在凝聚共識,來做和平穩定發展的時候、當其他人在做連接性的經濟或是其他作為的時候,我們能不做嗎?當然要做。如果你不做的話,那就是你沒有把台灣目前的位置看得很清楚,也沒有把他的重要性當成一回事來去經營我們的未來,你看台灣,不管今天是在東北亞或是東南亞也好,在西邊也好在東邊也好,唯一不變的就是他的地理位置,為什麼在今天聯結性的環境中台灣有他更重要的一個位置呢?因為他正處於一個廣大聯結位置的中繼站、中間點,the point,你往中國大

陸去，沿海地區都是在一個兩個半小時之間的航程，你往中國大陸內陸，四川、陝西、廣東，甚至於更深入一點的西南地區，都在三個小時以內的飛行航距，包括日本、韓國與東南亞在內，那可想而知，他是一個很重要的中繼點，你不管從南到北，從西到東，他就是一個重要的中繼點，所以你如何去運用一個中繼點的區域聯結的方式與趨勢，來發揮你的作用，這就是我們今天要去思考的問題，譬如說我們的航空站，你如何去吸收各地進來的航空器，不論是人或是貨物也好，應該做為一個最方便的中繼站，這就是我們必須要去思考的問題，不管是在台北、台中或是在高雄，你如何來做。什麼樣的力量才可以去吸引更多的人進來。第二個，為什麼要和平安定?因為和平安定，人家才會對你有興趣，你如果不和平不安定的話，投資人為什麼要來?他有風險。所以這個環境創造出來之後，再加上他的地理位置，那你就有很多的發展機會與空間會出現，所以這也就是為什麼我們今天在政策的選擇上來說，你是看到這個趨勢，而且這個趨勢走得很快，尤其是區域經濟的聯結性很高很

高，大陸與東協今年的 10+1 今年已經出現了，如果我們不去接受這個聯結的話，我們國家的產品與貿易要如何來支撐我們國家未來的發展?在未來，2015 年，東協 10+3 就要形成了，包括日本與韓國，那麼整個東北亞與東南亞都是一體了，在未來，更要把印度、澳洲與紐西蘭給拉進去，那是 2020 年 10 年以後的事情，十年時間很快，你不做，十年的時間一下就過去了，這是很可怕的事情，所以你會發現到，為什麼我們要加快腳步，因為你要趕上這班列車，這班列車正以驚人的速度往前跑，如果你不趕上這班列車的話，那你與其他國家的差距就會越來越大。

當我們找到我們自己的一個地位以後，你要去思考，要如何去走，我剛剛說的創造和平穩定的環境是一種，再來就是要凝聚共識，再來呢就是要找到自己的一個 location，你到底要做什麼。那麼在這個過程裡面，我們不能忽略一件事情就是，我們是一個海島國家，那海島國家有什麼樣的一個特性，尤其是在我們今天這個位置來講?我剛剛跟各位報告過了，他是一個海運的必經站，也是一個空運的

中繼站，世界上百分之九十以上的貿易都需要經過海運，中國大陸不管是跟其他國家的能源資源的運輸，都要經過台灣海峽這條路，東北亞、東南亞這個經濟的串連，也是要經過海運，因為空運，他的量很少，所以當然要經過海運，所以在這樣大量的貿易、資源與能源的互動過程裡面，我們也佔了一個location的地位。所以我們管轄的不管是我們領土主權的海洋範圍也好，或是我們的經濟水域也好，都是很重要的一個資源，都是我們國家的能力，所以今天海洋，成為國家戰略的一個重要的決策點，再一次，我們還是要展現出我們能夠展現保障海上交通安全、能夠展現海上應變能力危機處理的能力，譬如說我們今天看到的很多的災難、天災與自然災害，這是除了軍事以外我們可能無法預測的災害，所以我們必須要有能力能夠去經營海洋，經營海洋當然我們就必須要去保障運輸路線的和平、暢通以及他迅速的通運過程，這當然要靠我們鄭副署長的海巡署的海上執法能力，也當然要靠我們國防部，我們的海軍來維護海上安全。你如果沒有侵略海洋的決心，別人就會投石問路，登堂入室，因為你不做，別人要做，為什麼呢?因為別人有他的利益，我們常講說東海有很多的天然資源，天然資源現在只是一個一小部分而已，當然，資源短缺，大家對這塊地區要去開發那是另外一回事，但是更重要的是我們每天都要吃、喝、拉、撒、睡、貿易，才是最重要的問題，所以能夠去經營海洋的話，當然別人就不會輕易的來冒犯你，當別人覺得你沒有能力去經營海洋時，他就會亦步亦趨的來展現他的企圖，所以在南海也好，在東海也好，這地區的海洋，變成一個很重要的戰略競爭環境，誰能夠在這裡面展現他的實力，去展現他對於海洋安全的追求，可是你要靠實力做為後盾，沒有實力當然就不行。但是我們的目的是，當大家都認為這是生存的命脈，海洋是每個國家的生存命脈。

談到在海洋互動上，每艘船你把你的旗子擺上來，你的船擺進去，人家就覺得說，你在那邊，他不敢輕舉妄動，所以這個很重要。所以在這方面，變成我們國家在未來，國軍跟海巡署還有政府，在整個我們今天的海洋戰略聯盟指導之下，如何搭配，展

現我們的實力，或者是保障我們的台灣西半部台灣海峽的安全跟和平，同時也保障我們今天領海跟經濟水域的和平跟安全，不僅是只有我們自己可以得到安全跟和平，我們也保障其他國家貿易，海上的貿易的安全跟和平，這是我們對於整個區域聯結，不管是經濟也好，或者是政治聯結也好，展現我們的優勢跟實力，等到我們這個優勢跟實力展現出來以後，我們今天大家都有一個 mentality，哇，我們走不出去，我們是國際孤兒，我覺得這樣消極的想法是不對的，最主要的是我們努力不夠，而不是說人家不要我們，等到你展現出你自己，瞭解自己的處境，經營自己的環境，保障自己的利益的時候，我告訴各位，當你自信心展現的時候，別人都要來找你，絕對來找你。這種事情也不必要大張旗鼓的講，而是說你就是會看出人家就會來找你，而事實上就是如此。所以不要妄自菲薄，也不要對自己沒有信心，最主要的就是我們大家有沒有共識，有沒有這樣的認知，趨勢要看清楚，把現狀跟未來要能夠做一個明確的一個處理，最重要的是找到我們自己在這個環境變動當中自己所處的地位，以及我們要什麼東西。這個呢，我就希望藉由這樣一個研討會，大家能夠開拓我們的思想，增加我們一些視野，更重要的就是擴展我們的認知，然後呢，經由學術討論，然後展現出我們在這方面一些專業的經驗跟能力，大家彼此互相的合作交換，我相信這個趨勢是好的，而且很重要，我希望像這樣的研討會，能夠鼓勵大家多多的舉辦，這樣才能夠，真正的能夠把情勢跟趨勢看清楚，也能夠藉由大家的力量，在輿論也好，在民意也好，讓大家能夠知道，我們必須要有這樣的一個基本的認識，才能夠對於我們未來生存發展的一個重要的一個基礎，這樣的話，政府才比較容易做事情，更重要的是，政府也必須要引導民眾去做這樣的思考，我們才能夠把這個變動的環境，他所可能產生的現象，作一個有系統的，明確的處理。最後呢，我預祝這次會能夠順利成功，謝謝大家，謝謝宋主任，還有東海大學的邀請，讓我有這個機會藉由這樣一個說明，表達我自己個人對這個問題的一點看法，謝謝大家。我可以容許十分鐘的時間，各位有問題的話，可以發問。

Q&A

Q 高少凡：剛剛我聽到部長這個太精采了，因為很少聽到由您的角度來看世界，看台灣在整個國際環境，那我們同時也在看一件事情，中國崛起之後，國防部的立場，整個國家大戰略的立場，怎麼樣看兩岸之間，which one？哪個思維，思維之後才有個大戰略，戰略之後才有個政策，可不可以請您說一下這個大思維是用什麼樣的國際關係國際政治理論，或是國際政治經濟環境的大思維，什麼樣的 detail 來做的呢？

A 副部長：這個問題問得很好，談到這個 Great Strategy 就這個事項來講，我們找不到幾個這方面所謂的大師談到 Great Strategy。以前有 Paul Kennedy，Brzezinski 的盤，還有那個誰 Henry Kissinger 講 Diplomacy，都算是念政治學或是國際關係裡面必須要念到的，像 Morgenthau 也是一樣的，當然我們今天不能談理論。我覺得今天不論從北京也好，台北也好，談不到太大的戰略，但這我個人的觀點，也許我不對的請您指教，我剛才也說過了，今天兩岸之間至少在領導人也就是我今天所談的這個趨勢的變化，是有一個共同的認識 common acknowledge、common understanding，不然的話，北京與台北在兩年前不會 reach each other to each other 走出這一步，那個時候，我們表面上看起來可能是馬英九總統的不統、不獨、不武以及九二共識，事實上這是代表大家認知上的一個 convergence 一個共同性的一個結合，也就是說，在這樣的一個變動的環境裡面，我們要用什麼態度來面臨我們所面對的挑戰跟抓住我們的機會，四個字，實事求是，從英文上來講就是 pragmatism，務實主義，務實主義並不是什麼都不做，而是把你所處的環境，跟你自己的地位還有你自己的長處與短處都要看得清楚，你才能去規劃將來你要做什麼事情，如果將來你有一個 road map 的話一個路徑圖，那你必須做這樣的審慎評估，環境變化的趨勢掌握是很重要的，你在一個環境裡面你所能夠利用的這個機會跟面對挑戰所能提出的 resolutions，這些都是你要去評估的，這樣你才能去告訴我們的人民，未來你的出路在哪裡，這是一個實事求是的一個做法。我們看到的並不只是過去的兩年，大陸其實早就已經在做

參、專題演講:「現階段台海情勢與國防轉型」

了,改革開放以後,進入多少次的變革,最近十年,他的變革更快,尤其是提出科學化發展觀,由胡錦濤主席所提出來的,很多事情都必須要用科學的方式去思考,像剛才我提出的這個認知上的一個腦力激盪,他並不是沒有科學根據的,如果今天有 Great Strategy 的話,那我想我們今天就是在一個務實的並且以科學的工具來檢視我們今天面臨到的機會與挑戰,來找出我們的出路,那大致上我能夠去做回應的是這些。

Q 潘兆民:我是東海大學潘兆民潘老師,今天非常高興能夠聽到您的演講,內容非常精闢且充實,讓我豁然

圖 7:本校潘兆民教授提問

開朗,但是今天我這邊有一個比較敏感但是我覺得大家非常關心的這個議題,在兩岸處於一個誠如您所說的是一個變遷的環境當中都要去面對一些問題。的確,兩岸是和緩的,那在接下來的合作議題方面,包含海洋或者是在軍事等等,可能都會有一些不同的階段展開了,那麼面對這麼一個重要的階段呢,我們需要一個重要的機制,這個機制稱為互信機制,我相信在國防部方面也經常討論到這些議題,那對岸有些記者目前也在討論這個互信機制的問題,當然我們不會這麼快的走到軍事互信,可能還沒有辦法這麼一步到位,但至少在海洋合作方面或者是其他領域方面,在現階段的這種區域合作的緊密性,剛剛副部長也有做了很多的報告,在這樣一個區域的緊密性裡面,我們如何突破在這裡面找到我們的地位,那在這裡面我覺得很重要的一個 Key point 就是兩岸之間的互信,當你在做突破,找到你的地位的同時,對岸是怎麼看待我們?我們是想要跟他競爭呢?還是合作呢?所以我覺得這個互信基礎是很重要的,不曉得副部長對於這個互信機制有什麼樣的看法,並且就教於您,謝謝。

A 副部長:我相信大家的期待,對於這個 evens,念國際關係的都知道這個

25

世界在領導我們的認知，這個 evens 很重要，兩岸之間事實上最大的改變就是很多的 evens 產生改變，運氣很好的在兩岸雙邊決策者或政策制定者都希望能夠抓住這個機會來創造雙贏 win-win situation 的局面，而這個雙贏的局面要透過什麼樣的方式來達到這個目的，這兩年主要有兩個層面發生的頻率很高的，也就是兩岸之間透過這個 authorized agency，就是授權的組織也就是海基會與大陸的海協會，經過無數次的對談、交涉，甚至於在這個交涉過程裡面，簽訂了十二項的協議，最明顯的就是我們的直航，海空的直航，還有很多很多的其他的協議，包括我們今天海巡署在討論的東西，很多都是在這些兩方的交涉過程當中，各位不要小看海基會與海協會的交涉，它是一個很重要的機制，這個中國人真的是有他聰明的地方，在全世界，所有的理論中都找不出來由這種 authorized agency 也就是這種非官方的組織來進行交涉，而卻達到具有官方的作用，這是很不容易的，這第一點。那最近呢，如果談到潘老師的這個互信來講，兩岸之間的互信也增加了很多，為什麼呢?因為雙方覺得這

個機制能夠發揮、促進台海的穩定、和平與發展，都覺得他是好的，是有作用的，而且能夠產生雙贏的局面，因此，雙方之間在這個機制的平台之下，進行的，我們所謂的官員與官員之間的互動，這是不容易的事情，各個層面都有，包括經濟的、海巡的、警察的、司法的，所以 meeting of officials 當然他們掛的是 un-official title 帶著這個非官方的帽子去的，所以這個我覺得，就是你所說的，經過這個平台與機制的溝通以後，雙方彼此認知差距上會拉進一點，這個我覺得是一個互信的重要基礎，我們今天不談軍事互信這一塊，這個我覺得還是太早，也並沒有這麼一個跡象，當然這是另外的一個課題，有機會再跟各位報告，那我覺得雙方透過這樣的機制，一個 official to official 的對話，對彼此之間尤其是對方處理事情的認知，還有他所面對的環境的認識，更清楚了一點,所以雙方比較不會有 miss calculation 誤判，雙方也能夠了解這個彼此所處的環境的限制，也不會有一些誤解，也就是 miss understanding，因為你要增加雙方彼此之間的信任，最重要的就是要解決你的 miss understanding 以及 miss calculation，這才會達到一個互信的層次，所以就目前來講，我覺得這種互動是有幫助的，他解決了很多的 miss understanding 與 miss calculation，我希望將來有更多的作為能夠加強這些過程。

Q 許湘濤：在這個簡報裡面有提到一個災害防救的一個工作是中心任務之一，那工作如果是一個非傳統性的安全，那是不是國防部也要有因應措施或機制上的調整，譬如說組織或者人員訓練的改組，並且與其他單位有合作，自己的官兵要不要有新的災害防治訓練，因為這並不是原本國防部的份內工作，這個部分是不是有一些調整，請教於您。

A 副部長：對，沒錯，自從去年八八水災之後，災害防救法發現，雖然我們有訂了一些鉅細靡遺的規範，但是在機制的運作上是有很多的斷層的，國軍的確迅速的推出了很多的兵力以應變防災救助，但是各位了解，輿論上對於我們的批評還是很多的，九月的第二次颱風，處理方式就有很大的改變，今年有很多的災害防治方面也做了很多的處理，所以機制的斷層在這個行政院的督導之下，法律上以及作為上已經補足了，將來他的正當性與合法性是不會有問題的，第二個要跟大家報告的是我們在整個軍事機制

圖 8：宋主任興洲贈禮國防部楊副部長念祖

運作配合防災救助的需要是作了一些調整，但是防災救助雖然變成我們的核心任務之一，但是各位知道，穿制服、拿槍的，他的目的就是為了要防衛作戰，作戰是第一要務，這是一種平戰結合，也就是平時不打仗的時候，你就要發揮你作戰的能力來幫忙其他事務，我們的阿兵哥國軍弟兄的確是很辛苦，當然他們的本事也很強，所以各位要給國軍弟兄有很高的支持與鼓勵。國軍有一個好處就是他有很多的工具，不管是在後勤的制度也好或是處理救災也好，他有很多的工具，在平戰結合的時候這些工具發揮得很淋漓盡致，在操作的過程中我們也修改了一些作業規則與操作規

範,所以政府在對於我們這部分的能力是給予很厚的寄望,所以我認為平戰結合是很適合因應災防救變的一個需求的。

肆、第一場次：海洋事務與兩岸合作新思維的理論基礎

一、臧志軍教授講稿

首先非常感謝東海大學邀請我來參加海洋事務論壇，海洋是人類生命的起源之處。但是在歷史上，中國人的海洋意識總體淡薄。即使到了近代以後，中國受到西方列強來自海路的入侵，但是當時的領導人由於種種原因，對於海洋問題依然沒有給予應有的重視。以琉球問題為例，據復旦大學國際問題研究院石源華教授的研究，在日本吞併琉球之時，清朝政府雖有抗爭，但卻沒有採取具有實質意義的舉措。二戰結束前夕，國民政府領導人雖然提出過收復琉球的要求，但最後還是不了了之。

圖 9：第一場次研討會

那麼現在的情況怎麼樣呢？現在我們有 960 萬平方公里的國土以及據說是近 300 萬平方公里的藍色海域。我們是否已經改變了過去的意識而真正重視了海洋？

臺灣在這方面的情況我並不十分清楚，不便進行評論。那麼大陸方面的情況如何呢？不錯，在南海，我們的士兵在極其艱苦的條件下堅守著那看似只有巴掌大的島礁；在太平洋，我們的艦船開始為維護國際社會公認的一個國家的合法的海洋權益而劈波斬浪；在沿海各省區，開發海洋、發展海洋經濟的規劃紛紛出臺……，從這些方面看，我們這一代人已經意識到海洋對於中華民族的意義，我們有了強烈的海洋意識。但是，換一個角度：不停地流入大海的生產和生活汙水、不斷蠶食灘塗、水面的養殖設施，漂浮在海上的垃圾雜物……，這一切明白無誤地顯示，我們在海洋意識方

面仍然存在著重大的缺欠。

一方面，海洋意識仍然存在缺欠，另一方面，我們面臨的海洋問題絲毫沒有減輕：一些海域的領海和主權遭到越來越嚴重的侵犯；海洋資源的合理開發和利用，以及海洋環境保護的問題日益凸現。

處理上述海洋問題，需要兩岸的有效合作。作這樣的判斷，不僅有地理方面的理由，更有政治方面的理由：那就是海峽兩岸的中國人在維護有關海域、島礁的主權和管轄權，以及有效保護海洋資源和環境等方面負有共同的責任和使命。

以往，兩岸偏重於海峽而在很大程度上漠視了海洋；兩岸隔著海峽對峙的狀況，遮蔽了兩岸面向海洋事務合作的前景。不論這種情況的出現在當時是否出於雙方各自的無奈，它都是極其令人遺憾的。今天，隨著國際環境和兩岸關係的變化，我們有必要、也可能將兩岸在海洋事務方面的合作列入學者們的研究議題。此次東海大學主辦這樣的論壇，可謂正當其時。

海洋是一個開放的空間，海洋事務領域的合作涉及國內、國際，以及管轄範圍、許可權等複雜因素，具有很強的政治性。在目前的情況下，兩岸要在這一領域開展合作，不能不明確一定的原則。我以為，最主要的原則就是雙方都不否認這樣一個事實：兩岸同屬於一個中國，中國的主權和領土完整不可分割，任何一方都有責任維護中國的主權和領土完整。離開這樣的原則，兩岸的海洋事務合作難以設想。兩岸探討的應該是如何創新思維、以合作的方式來維護好、使用好兩岸同胞共同的藍色國土和海洋資源，如何從海洋那裡獲取持續的和更多的恩惠，而不是去進行瓜分，或者

圖 10：大陸學者臧志軍教授發表

是牟取其他不當利益。

我以為，堅持這樣的原則非但不會妨礙兩岸在海洋事務領域的合作，反而有助於兩岸拓展空間、創新思

維、放開手腳，研究出各種切實可行的合作領域和合作途徑和方式。如果沒有這樣的原則，兩岸之間有的大概只能是彼此之間的防範和擠壓。至多再加上在某種情況下的一點點的相互利用，而「利用」並不是真正的合作。

兩岸在海洋事務領域創新思維、開展合作是一個很好的設想，實現這個設想在大陸方面有著深厚的民意基礎。有這樣一個事例可以佐證我的這個判斷。在大陸關心海洋事務的人士中間，流傳著這樣一個美好的傳說。1974 年，南越當局趁中國大陸內亂之際，公然占領我國西沙群島部分島嶼。當時我們海軍的大型艦艇都部署在北方，為了西沙作戰，有關方面命令東海艦隊的兩艘艦隻前往支援。在此之前，蔣介石先生因為害怕大陸海軍大型艦隻南下後對臺灣形成南北夾擊之勢，命令對於南下的中共艦隻一律予以擊沉。但是，此次當貴方有關部門請示蔣介石先生是否要打時，蔣先生說了一句，「南海形勢吃緊啊」。就這樣，台軍方面目送了這兩艘軍艦通過臺灣海峽南下。當然，這只是一個傳說，但是它反映了在大陸關心海洋問題人士中間普遍存在的一種期待。我在這裡講述這個傳說、傳遞這種期待，當然不是鼓吹兩岸現在聯合出兵收復南海被占島嶼、出兵占領釣魚島，而是佐證：兩岸創新思維、在海洋事務方面開展合作這一主張在大陸具有深厚的民意基礎。

開展海洋事務合作，兩岸學者及其他相關人士要做的事情很多。我覺得首先兩岸要加強交流，相互瞭解對方有關海洋事務的機構設置和職能分工，交流有關海洋問題的立場。這些交流的題目看上去好像很初步，實際上恐怕在現階段還是有必要的。互聯網上的資料顯示，大陸一些研究者和機構過去對於臺灣海洋事務相關單位的設置和職能分工似乎並不十分清楚。同樣，根據我的粗淺的印象，臺灣有關人士對於大陸方面在一些海洋問題上的立場的瞭解恐怕也不是那麼充分。第二是互相學習。福建師範大學經濟學院的林善波先生曾經著文論及海峽兩岸的海洋開發與合作，他認為，臺灣在海洋基礎科學和應用科學研究的諸多領域有很多值得學習的地方。我想，不僅是在科學研究方面，在海洋事務相關的其他領域，也應該有許多值得大陸學者和有關方面學習

和參考之處。同樣，我相信，在大陸的有關研究成果與工作實踐中，也會有值得參考的內容。第三，探討具體的合作領域和合作方式。在這方面，本次論壇的主題詞之一——「新思維」尤其重要。海洋事務的特點以及兩岸關係的現狀決定了我們必須在堅持原則的同時創新思維，唯有這樣才可能實現有效的海洋事務合作。

我不是一個專業的海洋問題研究者，但是我關心海洋，嚮往海洋。2007年，我和我的同事曾經就中日東海權益爭端問題的研究到過臺灣，從北到南，走訪了一些研究機構，得到了不少的啟發。這一次，我期待著從各位這裡得到更多的教益。謝謝！」

二、 蔡明彥教授講稿

謝謝主持人，在座各位來賓大家午安，很高興來參加東海大學政治學系所舉辦的海洋論壇，趁這個機會感謝主辦單位邀請我來，提供我們與大陸學者對話的機會，其實現在談到海洋事務的議題越來越新，過去的海洋都在討論利用與控制，但是現在由於趨勢所趨，越來越廣，第一是包括：海運及航行，包括人員安全、貨物運輸、船舶安全、航運安全、海上救助、海上執法；海上犯罪與海事安全，包括防止及壓制針對海運之恐怖主義活動、海盜與武裝搶劫、偷運移民、偷渡、違法毒品販運，以及海洋環境保護管理，包括海洋環境之保護與保存、防止海洋汙染、區域合作特定海洋區域之保護、氣候變遷及海平面上升問題。

各項海洋安全議題，牽涉範圍廣泛，已非單一國家所能獨力處理，如何發展各國在海洋安全議題的合作，防止國家或非國家行為者掌控、襲擾區域內的海運線，確保各國的海運與經濟安全，逐漸成為亞太國家發展跨國合作的重點之一。

圖 11：蔡明彥教授

對亞太國家而言，「海洋安全」議題的重要性正逐漸升高。此地區出現的海洋安全議題，主要包括幾方面：

1、海洋治理，亞太地區的國家而言，海洋環境與海洋資源保護十分重要。以南海周邊國家為例，此地區的人口數量不斷增加，目前環南中國海周邊地區居住在海岸的人口約 2 億 7 千萬人，預估至 2025 年時，海岸人口數可達 7 億 2 千 6 百萬人。這個地區的漁獲量占全亞洲的 23%，占全世界的 10%，一旦區域內海洋環境惡化、漁源枯竭，將嚴重衝擊此地區民眾的日常生活

與生計。如何加強保護亞太地區的海洋環境與海洋資源，正逐漸受到區域內國家的重視。例如：日本政府在 1996 年便首度提出「海洋維和」概念，呼籲亞太國家關注海洋治理問題。OPK 的概念包含在亞太地區的公海與各國專屬經濟區內，推動保護及管理海洋資源、維護海洋環境、確保海洋永續發展、與維護 SLOC 安全等議題。

2、平時海洋安全，亞太地區在平時便面臨許多海上非傳統安全議題帶來的挑戰，包括：國際恐怖主義、海盜、毒品走私與人道救援等。尤其近年來東南亞地區發生海上武裝攻擊事件的頻率，有升高趨勢。根據「國際商業組織」所屬「國際海洋局」的統計，從 1984 年至 2005 年全球總共發生 3,992 件海盜搶劫事件，其中大多數集中於南中國海、印度洋、以及麻六甲海峽。東南亞地區海盜出沒頻繁，已嚴重影響到海洋交通線的安全。根據估計，每年因為海盜攻擊所造成的商業損失，約有 10 至 45 億美元之多，對各國的經濟與運輸安全造成嚴重危害。

對於海洋合作事務的架構和實踐方面，目前亞太國家對於前述各種海洋安全問題，各有不同的執法規範，如何發展出區域性的溝通、協調與執法機制，並且針對海運安全、海盜、海上犯罪與海上恐怖主義等問題，進行對話與合作，成為維護此地區海洋安全環境的重要議題。近年來，亞太地區國家開始針對海洋安全事務，提出各種雙邊與多邊合作倡議，希望發展出較一致且持續性的海洋安全政策，共同合作確保此地區的海運安全。基本上，海洋安全合作涵蓋的層面很廣，牽涉情報蒐集與分享、海岸安全維護、決策機制快速反應能力、海岸攔截能力以及司法審判等複雜程序。

針對海洋安全合作架構，本文就幾項跨國合作的重點項目提出以下分析：第一是情報的分享，比起陸上犯罪活動或恐怖攻擊行動，海上犯罪活動與恐怖攻擊行動較不易發動，原因在於陸地攻擊行動可利用各種車輛發動炸彈攻擊，但是海上犯罪與攻擊行動卻可能因為安全單位加強港口與船隻安檢，讓危險物品或爆裂物無法上船。然而，過渡的港口或海上安檢措

施，又可能干擾正常的船運與商務運作，影響海上商業行為，因此在執法過程中必須掌握分寸。由於無法對於海上商業活動進行全面管制，因此打擊海上犯罪活動的優先任務必須放在情報蒐集，爭取在犯罪團體與恐怖組織發動海上攻擊之前，予以破獲或攔截。

第二是海上巡邏，在海洋上，大型船隻包括油輪與貨輪，極易成為海上攻擊的目標，但是這些大型船隻本身又無法因應突發性的海上攻擊行動，因此保護船隻的責任必須由位於航道周邊國家來負責。根據「國際商業組織」所屬「國際海洋局」提出的建議，為了防範海上犯罪與海上攻擊事件的發生，位於航道周邊的國家，必須嚴密監控油輪通行的水道，並且嚴格限制小型船隻進入水道，以確保這些容易遭受攻擊船隻在通過該國水域時的航行安全。但各國海上安全部隊在巡邏周邊重要水道與海域的任務時，最常發生的問題在於追緝可疑船隻的過程中，常會侵入他國海域，引發與鄰國的外交糾紛，因此如何與他國協商執法上的相關問題，成為打擊海上恐怖主義時必須解決的問題。

第三是海上攔截，打擊海上犯罪與攻擊行動的重要程序之一，在於追緝並且攔截海上犯罪團體的船隻。基本上，打擊海上犯罪、海盜與海上恐怖主義，不需要依賴強大的海上火力，來達到在心理上嚇阻犯罪組織的效果。因為大多數國家海上安全部隊的船艦，均擁有比海盜與恐怖份子更強大的火力，在直接火力交駁之後，應該都能壓制海上犯罪組織的船隻。而且海上安全部隊的戰術目標，與傳統海軍不同，傳統海軍的行動目標在於擊沉敵人的船艦，但是海上安全部隊的目標在於逮捕嫌犯，並且追出幕後的犯罪組織與恐怖主義運作網絡。

第四是港口安全，許多發生在東南亞地區的海盜攻擊事件，都發生在船隻停泊之際，如何改善港口安全，也成為防範海上恐怖主義的重要措施。在任務分工上，海岸巡防隊負責在菲律賓全國各港口，加強對所有船客的安檢搜身。海上警察隊則協助船運公司，檢查船客行李及包裹。另外，船運公司也在船上安排保安人員與K-9警犬，偵測船上的炸彈及毒品，嚴防危險物品進入船上。

第五是聯合演習，目前亞太地區

從事打擊海上犯罪、海盜與恐怖主義的合作，較順利者當屬聯合演習的舉行。由於聯合演習並未涉及主權或執法爭議，各國只是依照本身意願，選擇參加各種雙邊性或多邊性打擊海上犯罪與反恐演練，既可增進與參演國家的合作關係，又可以展現對於海洋安全事務的重視，因此亞太地區的國家通常較有意願參與這類的海洋安全合作活動。

我的結論是，打擊海上犯罪、海盜與海上恐怖主義，涉及的任務相當多元，尤其海上犯罪行動在活動範圍上，常具備跨國域與跨海域的特質，因此海洋安全架構發展的主要重點在於建立起跨國性的合作機制，包括分享情報與聯合執法，以免在打擊海上犯罪與海盜的過程中出現漏洞。此外，如何掌握正確情資，讓海上安全部隊事先阻絕海上犯罪活動的發生，不僅是發展海洋安全合作的重點，也是打擊海上犯罪活動能否成功的關鍵。

三、張子揚教授講稿

《海洋法公約》對海峽的通行採行四種制度：內水制；無害通過制，也就是外國船舶經過領海時，無需事先通知或取得沿海國的許可，繼續不停迅速行駛，未經許可不得停船和下錨；第三是過境通行制，在領海內而用於國際航行的海峽，應遵守沿岸國的法律規章；最後是自由航行制，適用於寬度超過 24 海浬的中間水道，又稱為非領海海峽。中國領海內，大致上沒有適用國際航行的重要海峽，近海的渤海與瓊州海峽，均屬內水。

而台灣海峽的寬度為 70 至 140 海浬，超過兩岸各 12 海浬的領海寬度之總和，有數十海浬至百餘海浬的中間水道，台灣方面主張應適用自由航行制。但由於大陸主張台灣島是中國的一部分，台灣海峽是中國內水，《海洋法公約》的規定：「如果海峽是由海峽沿岸國的一個島嶼和該國大陸形成，而且該島向海一面有在航行和水文特徵方面同樣方便的一條穿過公海或穿過專屬經濟海域的航道」，其實這對台灣的影響很大，我稱這個為雙軌制。

這種內水制與自由航行制並行的雙軌制，雖可暫時避免引發國際爭端，但若兩岸不統不獨的現狀稍有改變，或是台灣海峽的內水性質擴大和深化至影響自由航行制的實行，也就是只有台灣與大陸擁有這樣的資格，已經引發國際爭議。而兩岸在台灣海峽海運權的排他性合作，業已引起外國利益相關者的反彈。

第二個部分為有效開發和養護海洋生物資源，台灣雖非《海洋法公約》締約國，但仍於 1998 年公佈《領海及鄰接區法》和《專屬經濟海域及大陸礁層法》，主張 200 海浬專屬經濟海域，此舉雖與大陸主張之管轄區域有所重疊，但基於雙方默契，暫以海峽中線為界。在海底資源開發方面，2008 年底，兩岸的公營企業在石油探勘和天然氣市場開發方面，取得突破性進展。2009 年兩岸的學界簽署台灣海峽漁業資源養護方案。2010 年，台灣環保署邀請大陸國家海洋局有關人員，來台參加海洋環境管理學術研討會。以上可知，兩岸公私機構在有效開發

和養護海洋生物與資源的交流合作，已經形成常態，且符合兩岸當局所共同主張之「擱置爭議、共創雙贏」基調，故應持續擴大與深化，成為兩岸在海洋事務合作的基石。

圖 12：南華大學張子揚教授發表

第三個部分為公平劃分海域疆界，《海洋法公約》對於專屬經濟區和大陸架劃界的規定甚為籠統，只說海岸相向或相鄰國家間的界限，應在國際法院規約第三十八條所指國際法的基礎上以協議劃定，以便得到公平解決，但並未明確規定是以「公平原則」或是「中間線原則」為準，因此無助於解決各國間的劃界爭議。

主要發生的問題有兩種，第一個是南海主權問題，中國與這些國家有不同程度的爭議。面對上述主權爭議，中國於 2002 年與南海各國簽署《南海各方行為宣言》，承諾秉持和平解決原則與維持現狀原則解決紛爭，看這個圖就瞭解中國一劃就將馬來西亞與菲律賓統統吃掉了，所以人家當然抗議；另一問題是東海主權問題，釣魚台的主權問題一直是中日兩國爭議的焦點。該島海域藏有豐富石油，估計有 1095 億桶，幾乎可與伊拉克的石油藏量媲美（1120 億桶以上）。1971 年，中華民國與中華人民共和國相繼主張擁有釣魚台主權且隸屬於台灣宜蘭縣頭城鎮大溪裡管轄，但美國於 1972 年將琉球群島移交日本時，一併將釣魚台列嶼也交給日本，因而引發釣魚台列嶼主權爭議，這是釣魚台列嶼，這是我們疆界，並因「保釣」而引發軍民衝突。中國提出「擱置爭議、共同開發」的主張，並於 2004 年 10 月起，就釣魚台列島爭議與日本進行過四次磋商，達成共同合作開發東海資源的共識，因而有 2008 年 6 月的「中日東海問題原則共識」。而台灣與日本因釣魚台主權所引發的爭議，主要反映在因漁場嚴重重疊所導致的捕魚衝突，那大陸是由於開發的問題。因此，台灣朝野出現兩種主張，一是提議兩岸在釣魚台海域合作探油，言外之意是

聯手抗日,二是向日本提議暫時擱置釣魚台主權爭議,先行合作開發釣魚台海域的油氣,同時順便緩解漁場重疊問題。馬政府基於東北亞戰略和大國關係的考量,力圖淡化「兩岸聯手抗日」的色彩,但並未排除同時與大陸及日本在相關海域合作共同開發的可能性。由於釣魚台主權問題必須在國際權力結構發生重大變化後才可能得到最終的解決,這種情形在可以預見的未來不可能發生,因此若由兩岸和日本三方共同開發釣魚台海域油田,既符合經濟上的共利共榮,也有利於兩岸共同維護釣魚台的主權。

第四部分為和平解決海洋爭端,若爭端當事國之間無法以協商談判解決爭議,《海洋法公約》規定可以透過另外四種方式解決:國際海洋法法庭、國際法院、仲裁法庭、與特別仲裁法庭。其中與海洋事務最相關的是國際海洋法法庭,其所屬的海底爭端分庭之裁定因具有拘束力(國際海洋法法庭規約第 39 條),導致許多海洋爭端當事國擔心主權受損而不願交付審判,其中也包括中國在內。對台灣而言,中國不將釣魚台列嶼或其海域的主權爭議交付審判,對台灣有利,因為這讓台灣有空間可以對日本或大陸所片面宣稱擁有釣魚台列嶼主權表示異議或置之不理,進而讓台灣所主張的現狀得以繼續維持。因為如果由國際法院來判讀,我們就沒有任何宣示主權的地方,換言之,在日本的異議聲中,中國大陸宣稱對釣魚台擁有主權的主張尚未獲得最終解決,也因此中國大陸未能挑戰台灣所宣稱的擁有釣魚台的主權,就此事而言,日本對台灣的角色既是敵人也是朋友,也因此兩岸合作抗日的空間有限。

圖 13:第一場次與會貴賓合影

兩岸在海洋事務的合作,除了「擱置爭議、共創雙贏」的基本原則之外,還應考慮知己知彼、各取所需。從上述各項分析來看,雙方最有可能擴大和深化合作的方面,首要在於「有效開發和養護海洋生物與資源」,其次是

「和平利用國際海上要道」，再其次是就管轄權（而非主權）公平劃分海域疆界。至於和平解決海洋爭端方面，司法解決勢必不可得，最終只能看是權力或是力量作用的結果。

Q&A

Q 同學：「各位老師大家好，非常高興聽到老師們精彩的演講，我想問兩個問題對於蔡老師，老師您說對海洋事務安全原則的意見，大家或許在打擊犯罪等可以有擱置爭議的行為，但如果在南海問題我們擱置主權，共同開發的可能性為何？」

圖14：與會同學進行發問

Q 高少凡教授：「非常謝謝主持人，兩岸對於擱置爭議是在同一角度還是不同角度，如果是在同一角度那是什麼角度，那是否是國際關係理論的哪種思維；那如果是不同角度的話那是否也與國際關係理論有關。」

A 臧志軍教授：「其實我所強調的有個前提，就是大家要有共同的認知，不是根據管轄權而是責任權；再來是海峽是內水還是國際海峽，根據在大陸那沒人在想到底是內水還是國際海峽。」

A 蔡明彥教授：「我想在談兩岸合作，我們常在思考是用 TOP-DOWN 還是 BUTTOM-UP 兩種途徑，TOP-DOWN 認為要先把主權搞清楚再來說合作，這也很好；但 BUTTOM-UP 就是認為先建立互信再來談其他的，其實兩岸合作有個平衡，如果失去平衡就不用談什麼合作了，所以兩岸先就偷渡犯、刑事犯的遣返可以擴大，像是聯合打擊犯罪、通報機制等，我想說得是如何利用現有的基礎來擴大更多的合作。」

A 張子揚教授：「感謝高老師非常根本性的提問，兩岸的思維基礎是不一樣的，向我們企圖降低爭議，但大陸方面還是會擔心，所利用責任區的概念，他們在存異求同，預防未來我們的互不否認會成為永遠的存在。所以目前為了要和平雙方都是採取忍讓的態度。」

伍、第二場次：海洋事務與兩岸合作新思維的實踐

一、楊丹偉教授（由潘兆民老師代宣讀）

兩岸在政治上的敵對、軍事上的對抗，突出了海權主要是海上軍事權力的觀念。長期以來，中國學界在論述中國海權特徵時，特別強調了兩岸事務在中國海權建構中的重要性。

中國發展海權最基本的需求來源於主權需求，中國能否實現最基本的主權需求，構成了是否有能力、有潛力崛起的基本前提。海權是歷史上決定大國興衰的重要因素。沒有海權的大國，其發展是沒有前途的，強大的海軍是國內財富積累和民主發展的保證。有專家針對臺灣問題的重要性及其與中國崛起的關係指出：臺灣問題「事關中國崛起的基本前提」，因為「現代以來，任何大國的崛起，都不可能在國家分裂的局面下實現」，「臺灣獨立將誘發這個多民族國家內部分裂勢力的連鎖反應，從而使中國徹底喪失穩定追求發展的機會」；「將造成難於預期的內部嚴重混亂甚至內戰，造成政治的對立和民眾對政治家的失望」。

對臺灣在中國海權發展中的影響，有學者認為，臺灣問題不僅關係到祖國統一，而且其去留還直接關係到未來中國海權的生存與發展空間。臺灣作為中國東南沿海最重要的天然屏障和中國海防關鍵之所在，直接關係到中國海防線是否完整，構成了中國制海權不可或缺的戰略要塞，也是中國海軍走向遠洋的

圖 15：第二場次研討會

唯一出海口和經濟發展的海上生命線，同時還是中國興衰的晴雨表。

更為重要的是，由於臺灣特殊的地緣政治位置以及現實態勢，臺灣的去留還會直接影響到釣魚島問題和南中國海問題的發展態勢以及中國發言權的大小。以南海問題為例，臺灣不僅對最大的島嶼太平島擁有控制權，而且於 1993 年制定了《南海政策綱領》，並謀求與東南亞國家「合作開發」並建立南海合作機制。如果臺灣能夠與祖國實現統一或者保持與大陸在南海問題上的合作，其在南海問題上的影響能力無疑有助於增強中國解決南海問題的能力；相反地，臺灣一旦獨立，不僅會使中國在地緣戰略空間上處於十分不利的境地，同時更會給東南亞國家可利用的機會，使中國提出的「擱置主權、共同開發」政策的實施變得更加困難。

還有學者指出，中國只有建設強大的、現代化的、以航空母艦為核心的藍色海軍，才能發揮海陸兼備的優勢。「控制海洋的能力是指奪取和保持制海權的能力，即一般意義上的制海權，這也是海權的基本目的和功能」，而「奪取和保持制海權的方式主要是通過海洋戰爭的形式來完成的，因此，海上武裝力量建設的標準只有一個，那就是打得贏，否則，控制海洋的能力是無效的」。

圖 16：本校潘兆民教授代大陸學者楊丹偉發表

這些論述從國家統一、國家戰略的高度論證了臺灣對中國國家安全的重要性，而為了確保國家統一，解決問題的思路就是發展中國海權。根據傳統的海權理論，海權一般會強調對海洋的控制權，就是發展強大的海軍，通過海軍來控制那些重要的海上通道，強調制海權是國家強盛和繁榮的重要標誌與基本因素。傳統的海權理論研究往往都是從軍事意義上的制海權為切入點的，海權的軍事維度是大多數海權論者所採用的固有角度。而這種傳統的海權理論對當代中國學者思考今天中國的海權發展之路，影

響是很深的。由此觀之，中國學界是非常重視臺灣問題在中國海權發展中的重要地位。

這一現象的出現，與中國面臨的主要矛盾和任務有關。在中國改革開放的背景下，一方面，中國對外貿易有了高速發展，中國與世界上很多國家的關係在改善，中國需要一個穩定的世界海洋秩序，需要強大的海上力量。但是，另一方面，大陸與臺灣的關係一直處於政治敵對甚至軍事對抗中。這樣的事實強化了中國學者對傳統海權理論的理解，特別重視從軍事意義上的制海權為切入點闡述海權建設。有學者提出，國家統一進程與國家海權的實現進程的一致。中國海上軍事力量發展是遠期戰略上的上述有限性與近期策略上的無限性的統一。在海權擴展的原則方面，從統一祖國、收復主權島嶼的歷史使命來看，即在主權範圍內說，中國海權擴展是無限的。但在維護海外政治經濟權利方面，中國海權及其實現力量即中國海軍的擴展又是有限的，中國海軍的建設僅限於自衛性威懾範圍。

總之，兩岸關係和國家統一，是中國海權研究的基點和最高目標，臺灣問題是中國海權建設的一個關鍵和中心。2008 年兩岸關係出現了實質性突破，尤其是兩岸「三通」的實現，拉近了兩岸之間的空間距離，也促進了兩岸民眾心理、情感的接近。兩岸關係和平發展時期的到來，為兩岸在海洋事務中的合作提供了歷史機遇。中國海權觀念的內涵，也超越了單純的軍事對抗，變得更加豐富。海權新思維將為兩岸合作拓展更大的空間。

首先，海權首先應該是一個政治學的術語，而不是一個軍事術語。把海權概念從軍事學、戰略學的束縛下解放出來。海權應當從中性的角度界定為：一個國家在海洋空間的能力和影響力。這種能力和影響力，既可以是海上非軍事力量(如由一個國家擁有的利用、開發、研究海洋空間的能力)及其產生的影響力，也可以是海上軍事力量及其產生的影響力。制海權只是海上影響力的一種，雖然重要，但並非海權的全部。這樣來定義的海權是一個綜合概念而非單一概念。海權發展與海軍、霸權有重要聯繫，但沒有必然聯繫。海權既可以成為軍事專家們研究的物件，也可以成為眾多學科研究的物件。第二，把中國的海權

定義為中國研究、開發、利用和一定程度上控制海洋的能力和影響力。利用海洋的能力，更多地關注在和平時期能夠自由地很好地利用海洋達到為國家發展服務的目的，要求國家擁有運用各種手段(經濟、安全、交通運輸、研究等)利用海洋的能力，海洋戰略落到實處，海洋科技、海洋經濟走在世界前列，海洋綜合實力是國家綜合實力很大的一部分。利用海洋的能力也包括在獲得制海權的基礎上，以強大的海權保障國家在海洋空間享有自由活動的能力。如果沒有軍事意義上的制海權，使用海洋、在海洋中的活動可能被隨時中止。

以此關照兩岸關係，我們發展，兩岸和平發展時期的到來，促進了我們對海權內涵的理解，這對兩岸關係的發展有積極的推動。在安全方面，大陸方面提出了兩岸共同協防開發南海的倡議。在利用海洋方面，兩岸的合作已起步，兩岸在「三通」、漁業和旅遊等領域的合作已經非常活躍。由於海洋環境、資源的多功能性，使得海洋開發利用中集中了多個行業、多個部門，如：海洋資源、環境保護、漁業、運輸、旅遊、科技、油氣開發、工程建設等，兩岸在海洋事務中的合作還有著廣闊的空間，海洋事務的諸多領域均有相當空間有待開拓和發展。兩岸當局對此已有共識。

兩岸在海洋事務中的合作，首先可以實現兩岸開發利用海洋的權益；其次，保證兩岸海洋的安全；第三，在兩岸海洋事務的合作中建構兩岸海洋權益協調機制，能對彼此的海洋利益關係進行確認、協調和平衡，以和平方式解決相互之間海洋權益的矛盾和衝突。

二、甘逸驊教授講稿

感謝主席，各位女士各位先生，大家好，我與前面幾位的先進比較不同，大家較為理論面，我就從實務面上來看，這篇短文我本來是想與大陸學者對話，我認為台灣在與中國學者的對話上比較缺乏共同的研究，正因為這個關係，揚教授的大作中，可以讓台灣學者發現許多空間，包括對海權的掌握，如果兩岸在海權問題可以合作的話，那為什麼中華民國不能自己發展海權；第三個，就如邱老師所說的，不管未來會往什麼方向，這篇文章的最主要前提是統一，但要談統一曠日費時，至少在可見的將來，難道我們就不需要在今天議題上進行分工合作，或某種良性競爭嗎？

南海其實是冷戰後的一個熱點、潛在衝突，包括東海與南海的問題，牽涉到包括許多國家就南沙群島中的島嶼與領海的主權歸屬，以及大陸礁層與專屬經濟區劃分的爭端。台灣與大陸在南海問題上存在著複雜多變的互動關係，雙方均宣稱此一地區為固有疆域，且對於對方在南海主權議題上的實質行為與象徵宣示，幾乎無過多的挑戰；但在此同時，由於中國大陸方面堅持其「一中」原則，極力防堵台灣參與試圖解決南海爭議的國際建制，使得兩岸在此一議題上也存有極大的矛盾。2008 年後，兩岸的緊張情勢已經大幅降低，雙方得以務實的推動雙邊的實質關係，台灣的國際參與也已獲得初步的成果。南海議題同時關係到兩岸的實質意義與政治象徵意涵，在雙邊關係解凍後，兩岸應可就南海的合作，從低度敏感的議題著手，循序建構雙方在南海的「信心建立措施」。

其實兩岸對南海爭議所存有的基本態度，在我國方面是對於該地區主權的堅持，我海軍從 1956 年 7 月開始入駐南海最大的島嶼——太平島，並經常性的巡航南沙，使得中華民國成為當時南沙地區唯一駐軍的國家。1995 年內政部又成立了「南海突發事件緊急處理小組」，做為政府處理南海問題的最高指導單位。2008 年再次政黨輪替之後，由於馬英九總統對於中華民

國鄰近海域的主權議題具有深入的瞭解,使得我國海疆議題再次獲得重視。國民黨政府重申我國對於南海、東海固有領域與傳統漁場的主權與利益,強調「沒有主權就沒有漁權」的觀念,並提出「主權在我、擱置爭議、和平互惠、共同開發」的政策。以下是我們與南沙群島的距離。綜合而言,我國的南海政策,主要建立在「南海政策綱領實施綱要」所宣示的五大目標:1.堅決維護南海主權;2.加強南海開發管理;3.積極促進南海合作;4.和平處理南海爭端;5.維護南海生態環境。因此,在「主權在我」的前提下,台灣希望能以共同開發的合作處理模式,和平的解決南海的爭端。

至於在中國大陸的南海政策部分,中共於 1958 年公佈「關於領海的聲明」,宣稱對於南海主權的所有權;之後,中共又於 1959 年 3 月在西沙群島的永興島設置「西沙群島、南沙群島、中沙群島辦事處」,並在 1988 年開始派軍駐守南海群島。大陸當前對於南海的態度主要依據其 1990 年正式提出的「擱置爭議、共同開發」政策,並反對將主權問題納入各種官方協商的機制或非官方論壇當中。之後東南亞國家在東南亞國協的架構就南海問題進行協商,中共則在 2002 年 11 月之後開始在東協+1 的架構下,進行非正式的高峰會,並簽訂「南海各方行為宣言」,強調依和平共處五原則與國際公約來處理南海問題,並要求各方克制,避免衝突的擴大與複雜化。

兩岸合作對於未來的展望大致是,兩岸對於南海主權存有一定程度的默契,雙方均強調南海為我國的歷史性水域。馬總統上任後所推動的新兩岸政策,提供了雙方在南海議題上得以理性討論的空間,因此兩岸學者紛紛提出不同的主張,像是大陸學者提出兩岸可開啟包括軍事合作在內的共同捍衛「中華海疆主權」的合作機制;台灣方面則由當時的經濟部長尹啟銘宣佈,兩岸石油公司可就南沙油氣探勘,進行商業合作談判。由於兩岸關係的改善,使得兩岸在南海合作的敏感議題得以獲得重視。

在兩岸合作的契機上分為三部分,首先是對於南海主權的堅持,兩岸都認為南海主權為自己所有,使得兩岸政府與人民得以在捍衛國家主權的前提下,提供兩岸在此議題進行討論與實質合作的可能性;再來是以和平方式

解決各國在此區域的爭端，兩岸均不願南海問題衍生成為各方衝突的焦點，當然也不希望兩岸就此問題上有所爭執，如此提供兩方務實思考各種和平解決方式的空間；最後則是各國共同開發、共享利益，南海蘊藏豐富的石油、天然氣、生物等資源，但亟待開發。台海兩岸的石化企業在南海地區已有16年低調合作的經驗，如此的模式可以加以深化，並提供其他相關國家進行海域合作的參考。

那我對南海爭議提出以下三個建議：

1. 建立兩岸學者在南海合作議題的對話論壇：兩岸可以援引「先經後政」、「先易後難」的原則，由各個領域的專家學者，組成兩岸在南海合作的共同研究團隊。當對話論壇獲得雙方信任後，或可逐漸納入企業界人士，針對未來南海實質開發，進行可行性的實質研究。

2. 建立兩岸官方在南海議題上的危機管理對話管道：目前已重新開啟協商管道。未來可在類似的機制下，透過協商的方式，將南海議題納入雙方危機管理的範圍之中。

3. 台灣參與國際南海問題對話協商：我國一向是南海地區的重要角色，但在以往相關的國際對話機制上常被邊緣化，也使得類似的對話因為缺乏台灣的參與而失去實質的意義。在兩岸關係不斷改善之際，我方可將台灣參與類似2004年「南海各方行為宣言」等國際機制的訴求，納入台灣擴大國際參與的架構之中。」

三、許湘濤教授講稿

簡單的報告一下，我主要是從人類安全的觀點，來跟大家討論一下。在兩岸關係中牽涉到的安全問題可從四個層次，第一是共同安全，即所有國家的安全；第二個是集體安全，就是各國家必須放棄自己一部分的主權，在國際權威的管轄下來換取己國的安全，如聯合國就是個例子，放棄自己一部分的主權交給國際組織，另外一個例子就是「歐洲安全與合作組織（OSCE）」亦同；第三個是全面安全，就是所有的國家和行為者的安全。那麼所有的國家和行為者的安全這還不夠，我個人還有另一個觀點，就是人類安全的觀點，human 就是我們要根據人類的需要，以供給安全給所有的設施和所有的條件，所以這個問題要應付的不僅是對付來自於國家的安全，可能還包含我們的發展，像是經濟、社會，可能還包含人類的一些的安全，像是偏見。例如種族歧視，這也是一種安全，如果大家有機會碰到，就會知道，在美國就有種族，清國奴、一些對中國人的侮辱，如果你因為種族而受到一些侮辱的待遇。這是另一種觀點，就是從共同安全、集體安全、全面安全一直到人類安全的觀點，都可以有所影響。可是我是覺得就兩岸關係而言，如我前言所說，最適合兩岸關係的觀念是人類安全的觀念。中共不太可能讓台灣用集體安全的觀念，讓我們加入東南亞這類的國際組織，但是從人類安全的觀點加入國際組織，中共不太可能反對，非常難。我認為人類安全觀點是最適合兩岸關係，這是第一點。

第二點是我們如何就人類安全觀點如何比較。其實我們主題是講求實踐，不過實踐有很多種，這裡我們很簡單的介紹，有關人類安全的介紹。所謂人類安全最原始的定義是：「目的是人民經由發展來實施某種選擇。主體就是人民 people。」

每個國家必須允許人民安全自由的來做選擇，保證今日的發展所帶來的機會不會在明天就消失。這個很重要，這就是人類安全最原始的定義。這裡我稍微講一下重點，不論在某種

情況下,都可以適用各種方式像是預防式的、紓解式的,來對這種不平等不安全的情況來根治。不安全的情況包含貧窮、歧視,可以來加以認定不安全,並預防。這都是人類安全的概念。這個觀點已經超越國家安全,不像是軍事上等等之類,也不僅僅是經濟方面,範圍更大,還包含更多剛剛所說的偏見。所以他的範圍很廣泛,如果兩岸關係可以擴大,像這樣人類安全的觀念應該最適合的。兩岸之間,特別是在實踐這個安全,可以說從兩方面來說,第一是學術觀點,不是講求實際的觀點,第二才是講到實踐的觀點,就是怎麼實行。第一是從研究的工作來開始進行,我們來進行有哪些研究工作可以做,這比較屬於小範圍的。在學術上來講,加強互相交流。達到共識後,再交給行政部門去實驗,做了之後就會累積經驗,有了經驗以後又可以增加研究的案例,再進一步研究,然後再討論再交流,這都是可以回饋的地方。這部分兩岸關係真的是可以慢慢來做,不必急。兩岸關係目前有很多工作都已經在進行實踐中,像是防制打擊犯罪。

另外一個問題是,有關這方面的問題,其實是兩岸關係會牽涉到第三者,特別是海洋事務。這是兩岸關係的特點。

圖 17:第二場次與會貴賓合影

海洋論壇會議實錄

陸、圓桌論壇：「兩岸海洋事務的合作：困境、策略與展望」

一、 邱坤玄教授圓桌論壇講稿

剛剛聽了幾位先進對兩岸在南海合作的可能性，我對這方面的研究不多，但對當前兩岸的合作情勢也是非常關注。所以我的題目很簡單，當前兩岸關係要促進合作應該具備哪些條件，我提供幾點思考。2008 年 5 月之後，兩岸關係進入和平發展的時期，首先要界定，到底目前中國大陸把當前的兩岸關係界定在怎樣性質底下，在怎樣的性質底下才可以繼續推展不同形式的合作關係。以中國大陸來講以現在的和平合作發展，是他進入到和平統一之前的過渡時期，以當前來看，和平發展時期，可以說是和平統一之前的初期階段，至於初期有多久就很難說。現在的問題，不再是著重在和平統一而是和平發展，即使不提和平統一，而一切取向是以和平統一作為一個目標。台灣在這方面非常清楚，就是希望在這和平發展時期，改善兩岸關係，做為我們台灣經濟發展、活絡台灣經濟，在國際上有意義參與國際活動重要依據的時期。就是因為兩岸關係在 2008 年之後得到這樣的和平發展時期，恢復了兩岸的協商機制，簽訂了 12 項協議，ECFA 在今年可能也會簽署。在這樣的氣氛之下，很多倡議就出來了，特別在南海問題之上，像是李際均前任軍委會主席，兩岸可以合作巡防共同開發，這樣的論述也被中國大陸他們內部接受。但是問題在什麼地方？就是其可行性有多少，簡單來說，如果兩岸要共同巡防的話，那中華民國的海軍是絕對要跟美國購買軍售，可是買了軍售，中國大陸會允許嗎？可是要中華民國共同巡防但是又不准去跟美國買軍售，這樣的邏輯是不同的。必須考量到其實踐的可能性。從過去幾個月，比較令人矚目是 ECFA 的議題。其中很單純的經濟性議題都可以在台灣內部引起很多爭議，可想而知，如果

牽涉到一些政治性問題，一定會受到更大的爭議。

有了這樣的經驗，我提出幾點有利的條件，第一個所謂內部的共識，共識在民主國家內其實是多數人意見，更重要是要照顧少數人的利益，現在我們政府以 ECFA 協商過程來說，不管是先經後政還是先易後難的合作過程，絕對做為第一步是各自研究。就是針對這樣的議題兩邊展開各自研究過程。但是可以創造一個有利的條件，就是在各自研究的過程中，也不排除要彼此交流，不然會形成閉門造車。各自研究階段，也有互相交流階段，同時可以進行。等各自研究做到一定程度之後，就可以由官方所授權的二軌來進行共同研究，這樣就很具體化。針對有可能，道路方面提出在南海之上，有哪些議題可以官方來合作。最後交給官方人士去進行協商談判。

第二個是兩岸的互信。簡單的來說，互信兩岸合作的基礎，什麼是互信？我們可以說釋出善意，但重要是對方要感受的到，不只是善意。對方要有同理心，來感受到。絕對不會做出傷害對方的言語跟行為。這其實不管是政治還是經濟方面，很多事情要事先溝通。

圖 18：政治大學東亞研究所邱坤玄所長發言

第三個是第三方的態度。我們都很關心一個問題，美國對於兩岸發展的和緩程度到底擔不擔心？擔心到什麼地步？現在有學者認為兩岸走得太近。走得太近怎麼辦，那就是美國跟中共先下手為強，先簽訂協議如何管理台灣問題。當然這非主流，另外有學者認為所謂兩岸走得太近的過度論，其實不是現在美國學界的主流，再怎麼說，美國非常相信整個台灣的整個民主機制節制的力量，如果這個政府在處理兩岸關係的過程當中走得太快，而且超出人民預期，例如過去扁政府時代把兩岸關係放到光譜上的另一個極端，相信台灣人民的民主機制可以發揮節制。另外，在爭論兩岸

是不是走得太快的時候，有個重要的核心概念，是不是兩岸的和解已經改變了整個亞太地區的權力平衡？另外一個學派認為權力平衡並不是美國在亞太地區要追求的唯一目標，而真正的目標還是要維繫地區上的和平跟穩定，而權力平衡只是一項工具。也有學者認為，如果兩千三百萬人民可以選擇認為跟中共和平相處到統一的地步，美國也尊重。而有條件是，中國人民解放軍絕對不得在台灣駐紮，作為中國大陸整個軍事利益向外投射的基地。第二，台灣人民現有的制度不得改變。對於將來統一海權向外發展，是很多中國學者本身的看法，在這樣一個和平發展時期，中國大陸也有自由派學者認為，美國軍售台灣，就是在和平統一之前一定會出現的問題，統一之後就不會有軍售議題，必須接受和平發展時期之前，一定會有美國軍售台灣問題這樣的事實。其實這樣的討論其實是很有前瞻性，兩岸學者可以有這樣的機會互相交流的合作可以從這裡思考。

總結來說，南海議題之上，其實中國人民解放軍應該感謝國軍，在過去幾十年來鞏固太平島，至少這個島成為中國一個很重要的一部分，兩岸

二、臧志軍教授圓桌論壇講稿

首先，學者做研究基本上應該是研究三、五年以後的事情，兩岸合作事務合作部門，其實已經走得相當快且相當廣。我們現在不是說研究他們正在做的事情，或是即將要做的事情。而三、五年以後可以做或是應該做的事情有哪些？我想就是兩海，東海跟南海。中國的周邊領土領海來講的話，陸地的邊界是穩定下來的，以領海海域來講，南海是非常危險的。基本上是處於失控的狀態，前景堪憂，現在那邊是有一千到兩千井的油井在生產，試想如果發生像美國墨西哥灣那樣的事件，那麼誰來管？我們是沒有能力去管。這個事情是我們做為兩岸學者要考慮的事情。

第二點現在對這個事情有沒有積極性？我認為大陸學者比起台灣學者有積極性，理由是，一、已認知到該事情會越來越嚴重，二、大陸也希望通過兩岸在海洋事務方面的合作，進一步拉近兩岸的關係。我感覺到從台灣角度來講，台灣比較擔心因為這個事情，使兩岸的關係變近，落入一個圈套，統一的結局。雖然我們早上聽到楊老師所說的海洋立國，但這可能只是一部分學者的意見。可能大多數人並不這麼認為。他並不認為這些兩千哩以外的島礁對台灣有何意義。

這兩個因素的結果，使得台灣方面對於兩岸海洋事務合作議題方面，就較無積極性。第二感覺是，就如鄭副署長也提到，大陸學者提出共同巡防，我想基本上，如果走到這步也只不過是宣示共有主權的行為，我們也必須周邊第三方的態度。我們海軍再強大也不可能把南海所有的島礁全部控制下來，成本不堪接受。

我們怎樣來解決？因為我們要合作。我們有什麼樣的途徑可以實現兩岸對於南海的共有權利？這也是我們要探討的課題。

三、楊丹偉教授圓桌論壇講稿(由潘兆民老師代宣讀)

　　剛剛在報告中已說明過了，的確在中國傳統學者的思維理面，把台灣問題列為今天中國大陸一個核心問題，是不是會影響到中國大陸的崛起？是不是會影響到他對周邊的控制？尤其是海權控制的發言權。尤其在南海問題，剛張教授也提到，的確，台灣問題已經關係到今天中國大陸的崛起，也影響到跟周邊國家的對話，對海洋事務的影響力。我們從一些中國大陸學者在海洋論述上面，一些學者的看法，很清楚，他們常常把台灣當作中國很重要的軍事要塞。其實跟美國也是一樣有同樣的思維，美國把台灣視為打不沉的航空母艦，當作今天面對中國的一個防衛線。這是他的一個戰略思維。同樣的今天中國大陸也有一樣的戰略思維，對他來說台灣就是一個非常重要的要塞口。不僅是在海權方面，同時也是他經濟發展面對南海，面對今天東南亞的非常重要的經濟出口，台灣海峽在控制整個進出口航道上，發揮一個非常重要的控制權。早上我們楊部長在報告時特別提到，他擔任這個工作後他發現，每天好多船艦、航空器，在台灣海域上空行走，可想而知，台灣面對這樣的戰略位置、地理環境是非常重要的要塞。台灣在這樣的環境下，如何看待自己？其實早上楊部長也在提出這樣的觀點，感謝主辦者讓我們有這樣的機會，可以使兩岸學者在現階段海峽事務合作上面可以產生一些新思維。否則如果還是按照傳統思維在看待，就是對立、對抗、戰友，其實不適合現階段兩岸之間的關係。兩岸應該跳脫這樣的思維。誠如早上我在幫楊教授報告的時候，傳統中國大陸就是以壓制控制的角度去看待，但是我們現在要從這個思維去跳脫，要有個新思維去看待，也就是說，海洋合作其實是很好的立基點，邱教授也特別提出來了，兩岸互信機制的重要性，兩岸的互信機制可以從哪裡開始呢？海洋合作就是很好的立基點，沒有互信要做合作的我想也是很難，透過在小範圍的合作裡，可以建構一些合作的經驗。透過合作的經驗，我們建立越來越好的互信機制。當然可以進一步在

軍事上面，如果有更好的互信機制的話，今天就不會再有誤判的經驗產生，也不會因為今天你在海洋上面進行怎樣的開發，你是不是要對我們進行什麼威脅。甚至雙方可以在互信基礎上面來進行多方的合作。

所以我非常認同剛剛邱教授所提的互信機制建立。當然，互信機制有很重要的立基點，來自台灣內部的問題。很多人會誤會說，這些互信機制的建構，是不是親中、傾中。其實台灣內部爭議也是相當大的，但基本上我們看得出來，只要兩岸能夠良性互動，我相信這個內部的共識會越來越多。兩岸越對抗，內部共識就會越分裂。所以在兩岸互信兩岸合作上面，如果能夠有步驟，能夠有計畫的發展開來，我相信我們的互信機制也能建立我們內部的共識問題。共識也可以構成我們在兩岸合作事務上的立基點，這是我個人的看法。

四、 甘逸驊教授圓桌論壇講稿

幾點與大家做報告。第一，我延續前面幾位先進的報告，我把兩岸在海疆的軍事互信機制，尤其在南海問題的互信機制，作為未來兩岸建構全面CBM軍事互信機制的第一步，其中有幾個優點，一是他是一個更具有彈性，因為不涉及直接的領土，大家知道，在陸地的主權領土議題最為敏感。在海疆因為他有各種不同的規範，包含國際法上面的規範，譬如說大陸礁層作為領海的延伸。還算具有彈性的這個空間。二，我認為兩岸的互信機制可從經濟合作來著手，實際上，我們的兩岸，包含我們中日跟對岸的對口，兩岸在過去十六年在南海，實際上我們非常的低調，也有共同開發的經驗，那從經濟著手的最主要目的是，有沒有獲利。要讓人民感受到，海疆的合作是對人民可以直接感受到，尤其在台灣，每年都要選舉，如果不提出一些能讓人民有感受的事情，是很難獲得支持與信任。三，我認為可以把各種專家，以往兩岸不太通的時候，能夠對話的，大概只有政治的學者，可是我們發現兩岸通了以後，更需要各種專業人才，那有關在南海議題，我認為現在包含海洋、生物、能源，還包含政治學者，能夠讓兩岸在這些議題上更加制度化。這是第一點。

第二點，以我個人對於軍事困境很淺的研究，把幾個措施做個很快的瀏覽。我覺得我們在南海問題的是一面機制的互動，可以做未來更全面的CBM。縱使兩岸現在有非常暢通的溝通管道，但其實還是有很多危機議題，我想還是需要加強雙方的溝通管道。那在這議題上面，在溝通管道上的強化，對於未來的 CBM 是有幫助的。自我克制，兩岸如何在南海的問題，尤其是爆炸部隊的移動，武器系統的提升，尤其是大陸現在要發展的航母，那怎麼樣在大陸同時發展自己本身的軍事部隊，不會增加對台灣軍事的威脅？那麼我覺得這是非常重要的。

第三，透明化包含在軍事的預算，戰略等等，雖然大陸沒辦法馬上

做到全面的透明化,但至少在這個區域可以做到透明化。

第四個,檢查的制度,到底對方有沒有遵守,那我覺得這個雙方都可以做。

最後我覺得問題最大的,就是大陸武器的管制。我大概跟台灣主流的看法不一樣,我對於對岸短中程的飛彈問題,我們一定要非常非常謹慎。我們要少提要對岸處理這個議題,為什麼?因為這個大陸方面,將來一個非常可能的狀況是,會用我們減少或停止對美國武器購買,作為交換條件。大陸就算把飛彈都全部撤光了,我們沒辦法對美國購買武器。另一個比較正面的,大陸作為一個興起中的大老,作為一個軍事大老,他本身軍事勢力的提升,從大陸的角度來講,這是天經地義的,中國人因為有自己第一流的武器,也有自己的航母。全球哪個強國沒有航母。那麼大陸如果不斷軍事現代化的過程,台灣也必須不斷的向美國購買武器的過程,兩岸有必要把這個作為把兩岸雙方其他更深的問題。我們必須考量這個策略是對的還是錯的。第三點,兩岸從海權,我覺得可以發展到兩岸共享主權的研究,兩岸我剛提到,當我不承認中華民國的話,我不知道我們在很多議題怎麼去相互的寬容。那麼我覺得對共享主權的研究,我覺得基本上也有三點,第一個,各自來講大陸跟台灣,我們本來就分別治理,有很明確的界線,台海中線就是很明確的界線,南海我們也有我們管理的島嶼,大陸也有大陸管理的島嶼。我們也有些模糊的範圍,包含我們對其他國家的一個衝突。譬如說,釣魚台。但是分別自己去有效的治理就是一個共有主權的期限。第二個,應該互不否認對方對其領域跟至少部分領域的主權主導權,相互不要去否認他。更重要的是在,國際社會對外,我們對外也應互不挑戰。對各自在主權上的一個宣稱。

與中國共同主導國際機制,對大陸而言,與我們主導可以避免其他國家去操作一中一台或怎樣的狀況,對我們而言則可以包含所有的角色,不只是政府的國際建制也包含非政府,最重要的是我們可以從南海議題聯結兩岸在國際議題上的發揮,對兩岸和解及兩岸對國際社會形象的建立及政治上的道德都是好的。

五、袁鶴齡教授圓桌論壇講稿

很高興今天可以參加海洋論壇，這次我想要將海洋事務的層次拉高到國際理論的觀點去看，從戰略制高點思考三個東西：第一個是軍事與非軍事的關係；第二個為全球化與治理的關係；第三個是主權跟漁權的關係，這與海洋事務的管理有很大的關係，現在是一個全球化的時代，我認為全球化只有兩個概念，第一個是流動的；第二個是時間、空間的壓縮，因為是流動的結果，所以不是單一國家可以處理的；因為流動的結果，國家不管要或不要，國家領土的疆界自然會被貫穿；第二個時間、空間的壓縮，過去做不到的事情現在都可以做到，這深深影響對於安全的思維，過去的安全是軍事的安全，但時代的演進，環境、反恐、經濟等都逐漸重要，影響著人類永續的生存，對人類的損害遠遠超過軍事安全，合作的契機逐漸出現。

當許多議題是單一主權國家無法解決時，我們無法再用過去的傳統概念來處理，因此有治理的概念產生，治理可以超脫主權國家為單一行為者的假定，非國家也可以處理國家行為者處理的問題，如漏油等，如果主權國家不能解決是否得靠跨國行為者來處理，這是第二層次的思考；再來是漁權和主權的問題，這應該不是互斥的概念，我們若相信主權與漁權之間的關係，那表示我們相信治理的概念已經超越統治的可能性，從南海海域之間的關係，可以發現許多合作在抽離主權的概念還是可行的，這應該已不是我們過去強調非要與得要的思維，也就是主權與漁權的概念是可以切割的，統治固然重要，但很多事情得透過跨疆界的治理，變得非常重要。

何謂跨界，所謂跨界超越主權的概念，在解決問題上，能力必須跨界，得透過水平的跨越才可以處理問題；資源的跨越也才可以使事情受到解決，我認為海洋是一個公共財的概念，而且是跨代的概念，沒有一個主權國家可以獨自擁有，像是遠洋的傷害，是個主權國家該負責，或許這樣的傷害並不是主權國家所造成的，可

能是跨國產業所造成的,所以我們利用一個比較全新的思維如治理、跨域等,這樣我們便可以第一個產生新的思維;第二個產生解決舊問題的新方法;第三個有可能因此促成兩個各自主權主張的情況無法解決的問題,以上是我對海洋論壇的論點,謝謝。

六、 宋鎮照教授圓桌論壇講稿(由宋興洲老師代宣讀)

袁老師的觀點始終如一,加入治理的觀點來看海權之間的問題,但現實主義會擔心對方的行為是否會使我們受到傷害。接下來是宋鎮照老師的提論,因為有事無法出席,所以由我代為宣讀,主要也是呼應前面幾位老師的觀點,主要提出五點,第一點是海洋汙染防治,包括「海洋垃圾」、「致災藻類防治」等。例如:金門、廈門海域一帶不可避免地受到閩東快速工業化所造成的環境汙染影響。此外,垃圾汙染也會隨著洋流,大陸的垃圾也會湧進金門慈堤、古寧頭等海域。第二個是海洋生態系統加以管理,海洋保護是各國應盡的責任,且有義務妥善管理與維護,兩岸可透過「海洋功能區劃」善用海洋資源,達到永續發展的目標。第三個是海洋環境監測,兩岸合作的方向可包括在南海的沙塵暴監測、海洋之碳封存技術的開發,以及在海島永續發展的目標下,共同將南海的太平島建設為具有生態保育、環保和生態旅遊特色的國際和平公園。第四個是共同取締非法與協助救難,兩岸共同研擬巡防因應措施,以達成落實管理及取締非法之目標,包括查緝毒品、槍枝、非法偷渡者等;在救生救難方面,共同防範與協助海上遇難的人民。最後是海洋人文與文化合作,兩岸人文與文化背景相似,可藉由此共通性,共同發展多面向的海洋人文議題。

兩岸隔著海峽對望,在海洋不可分割的特性下,顯現出兩岸在海洋事務上合作的必要性。如前所述,兩岸在海洋事務方面應該共同研擬相關合作事項,包括兩岸海洋環境管理、海洋汙染防制與監測、海洋科技領域合作的合作等,期望建立兩岸海洋事務合作的共識與機制,共同致力於海洋環境之永續發展,這將對於海洋環境維護邁向新的里程碑。

Q&A

Q 高少凡教授:「或許多數人都認為海洋問題偏向治理,有沒有可超越 2008 年馬政府的對外政策、對外關係?第二個問題是如果台灣的觀點真的是的話,那請問臧主任怎麼看?」

A 臧志軍教授：「袁老師所說的超越主權與超越治理，但如果有一方不願意，或是如果協商的一方不遵守的話怎麼辦，所以我認為所謂的治理可能是一個較遠的想法，像是南海問題也是有強制的，階段性來看治理可能是會出現的，但長期來看，治理要出現得出現一個強制力，不然治理是否會產生，得再思考。」

A 袁鶴齡教授：「治理不是理論，應該是一個解決問題的方法，南海除了軍事問題外還有非軍事，所以要解決問題的方法應該是對主權、權力的概念可以被切割成許多不同的形式，有強迫性、制度性的、產出形的，對兩岸關係的處理的方式應該是共同合作，這是較容易的，透過這樣的方式可能建立互信可以外溢到其他部分，海洋在沒有人類前就已經存在了，怎麼可以說海洋是屬於哪個國家呢？

所以我們要如何給下一代建立跨代公共財的概念，來解決共同的問題，還是一個再思考以及人類需要面對的問題。所以我認為海洋的本身與軍事安全是必然需要劃上等號的。」

A 邱坤玄教授：「到底兩岸處理怎樣的關係，可以處理怎樣的事情，什麼是和平發展，是兩岸要解決的問題，我們奔走兩岸快 20 年，常會被問到為什麼台獨勢力高漲，很簡單嘛，因為中國把台灣在國際上封鎖的如此徹底，把中華民國這四個字拿掉後，台灣人民要如何稱呼自己，相當明顯，民進黨認為中華民國這四個字非常好，解放軍會為了這四個字發動戰爭，因為一旦發生台獨這四個字沒有了阿，就是為了保衛中華民國而戰，這是個很弔詭的想法，但和平發展時期如何處理中華民國的問題？

以馬總統的作為，要求撤銷飛彈，或是如甘教授所說的互不否認，其實現在就在做。從經濟利益而言，ECFA 的簽訂標誌著兩岸關係必須經過立法院的審議，經過民意的監督，會比南海問題上更高。所以南海問題要突破的話應該經過台灣立法機關的程序，就會提昇其高度。我認為任何的海洋議題都很好，但要提高他的程度才可行。」

A 甘逸驊教授：「特別對臧主任的問題回答。其實談到主權問題是兩岸比較沒有交集的問題，主權議題是一個時常變動的概念，歐洲是主權觀的發源

地，目前卻也成為不斷改變主權觀的行為者，目前有很多型態的國家出現，所以過去為一個主權觀已經有所改變了，這難道不是對主權有所讓步，兩岸關係存在著不同的基準點，台灣沒有太多的能力可以去思考現代主權，所以我們去想後現代主權，那中國為不斷升起的強國，當然會對主權有空間去反省。

我認為這裡頭有三個對台灣的主權概念：第一個是邊界的界定，是硬的；柔性的界定，不是唯一的；最後是治理的目的，台灣有些人會誤解台灣沒有邦交就沒有外交空間，但我常在外面跑認為台灣太偉大了，台灣怎麼會沒有外交空間，應該說是沒有硬性的，台灣作為民主國家是被很多國家所稱道的，更不用說對巴拉圭等救援，或許就國家法而言台灣不是一個現代主權國家，但從後現代的柔性主權看來，建立一個典範可以提供柔性權力，所以透過兩岸合作去創造柔性主權，這並不是說誰好誰不好，主要是說兩岸對於主權是處在兩個不同的基準點。」

A 宋興洲教授：「其實就連美國學者都認為主權可以把他拆解：首先是邊界的主權，就是界線，其實兩岸的邊界主權相當模糊了，像是江陳會的兩岸共同打擊犯罪，就已經模糊了界線，在邊界主權大家已經有這個默契存在了；第二個，就是國內的主權，就是最高、自主，其實我們都各自充分擁有主權，中國也尊重我們的選舉，我們也尊重中國的行為；第三及第四個比較麻煩，是西伐利亞的主權，就是國際上獨立的整體，對我們較為麻煩，像是一個中國或是兩個中國什麼的，就是兩岸比較難解、無法達成共識的難題；第四個就是國際法律的主權，這個在台灣的角度來看就比較吃悶虧，所以爭論會有困難。

所以我認為主權可以分為四部分，兩岸前面兩部分已經相當模糊，所以未來是否可以更好或許我們不曉得，或許還得用建構主義學派來看，敵意跟善意是建構的函數，所以兩岸關係就比較有建構的思考。」

A 潘兆民教授：「其實我在與中國學者交流的時候對主權是相當硬的，我再把中國大陸學者對主權的看法與大家說明，其實對中國而言，主權或海權

對他們而言是一致的，海權是主權的延伸，在大陸經濟發展的過程下他們更思考到他們更需要一個穩定的海洋資訊，因為他們認為這對他們的經濟發展是非常重要的，所以他們才會派兵出海，所以對他們的軍事力量的建構非常重視。

所以在這樣的思考下，他們會對海權從軍事角度去參考，他們認為要控制之後才可以對外穩定，對內讓台灣聽話，利用威嚇讓台灣沒有能力出走，這都是從主權觀念延伸出來的想法，在海權觀念內，楊教授認為海權應該是個中立的概念，一個國家的能力在哪裡，楊教授認為中國在海權方面應該有新思維，他認為中國應該把海權定義為中國研究、開發、利用上，因此我認為如果他們有這樣的想法，我們應該要發展這樣的概念，如此我們在合作上才有基礎，才有兩岸互信的基礎產生。」

A 詹滿容委員：「感謝主席，耽誤大家最後幾分鐘，針對高老師的主題做一個簡單的回應，馬總統的活絡外交、外交休兵的政策與這次海洋論壇的主題的關連性，大致有兩點：第一點是關於主權方面擱置爭議的問題，外交休兵的確看到具體成效，兩岸不會為了爭取增多一個國家、增加認同來產生爭奪的資源戰，也讓大陸認同外交休兵的作法；第二個是全球治理方面，到底外交休兵對全球治理有什麼進步；像是 APEC 兩岸共同推動了計畫；再來是 WTO 架構下台灣也簽署了政府採購協議，過去原本只要談到 agreement，但目前以在兩岸擱置爭議的情況下，在 WTO 框架下，過去原本的畫地自限我們都不敢簽署 FTA，但在 WTO 框架下，每個會員國都可以簽署 FTA，以上簡短的發言。」

宋興洲教授：「在一天緊湊的會議下，我主席在此宣佈海洋論壇圓滿的完成，謝謝大家。」

圖 19：圓桌論壇貴賓合影

柒、附錄

一、會議總結與政策建議

（甲）與談者發言重點摘要：

1、**國家安全會議詹滿容諮詢委員**：現代的海洋事務必須從國家、區域與全球的三個層次來採取跨部門的合作，並且強化國際合作與協調的工作。

2、**國防部楊念祖副部長**：我國的地理位置正處於西太平洋的區域戰略核心，海洋是我國的生存命脈，重視海洋發展應與國家總體發展政策相結合。

3、**海巡署鄭樟雄副署長**：在政府組織改造後，將依照馬總統的海洋發展政策，由海洋委員會推動整體的海洋政策與計畫工作。兩岸將持續進行海洋實務合作計畫與交流。

4、**中國大陸復旦大學政治系臧志軍系主任**：中國大陸方面仍認為兩岸間的事務是屬於中國內部的事務，兩岸間在海洋事務的權力劃分上，應沒有「管轄權」的問題，而只有責任權（區）的劃分。渠亦認為台灣方面所提之「海洋立國」是少部分台灣人的想法，台灣人民對於台灣島以外的島礁是沒有概念的。渠認同兩岸事務不宜以武力解決。

5、**其他學者的綜合摘要**：

（1）兩岸應從全球化與全球治理的角度思考合作的可能性。

（2）海疆不涉及直接領土空間的主權意涵，可以是兩岸信心建構機

制（CBM）的基礎。兩岸雙方在對於海洋事務的交流上，可以從多方、多領域（議題）進行對話。

（3）建構兩岸海洋權益協調機制，藉以推動兩岸共同開發海洋，以及保證兩岸海洋的安全。

（4）因西太平洋海域涉及多國家的利益，兩岸雙方應可思考先成立一個機制，在共同邀請其他國家或利益相關者共同加入此一對話機制。

（5）兩岸推動合作事務的進程可分為：有效開發和養護海洋生物與資源、和平利用國際海上要道、管轄權（非主權）公平劃分海域疆界。

（6）兩岸應持續在現有的海洋事務合作基礎上進行合作。

（乙）政策建議

面對我國即將於今（民國99年）年底正式上路的「五都」規劃，以及民國101年實施的「政府組織改造」，兩岸海洋事務實有必要配合這些政策時程來推動相關工作。

依據新的行政院組織架構，未來將成立「海洋委員會」，以統籌並協調各相關部會推動所有對內與對外的海洋事務，使我國的海洋事務朝「集中事權」的目標邁進。除了中央政府體制改革有助於我國海洋事務的發展與推動之外，地方行政體系的合併升格與改制亦將可配合中央政府體制與相關政策的推動，進一步加以功能化與區位化。

今年底即將上路的「五都十七縣」，在長遠的地方行政體系規劃中應只是一個開端，未來將朝向「三個生活圈，五個直轄市，七個發展區域」發展。<u>從台灣所屬的區域地理位置來看，正位於西太平洋環</u>

線的中央，北有日本，西有中國大陸，南有東協與東南亞各國，從地緣政治經濟的觀點來看，台灣的北部、中部與南部正式面對著上述主要的東亞區塊（如下圖）。

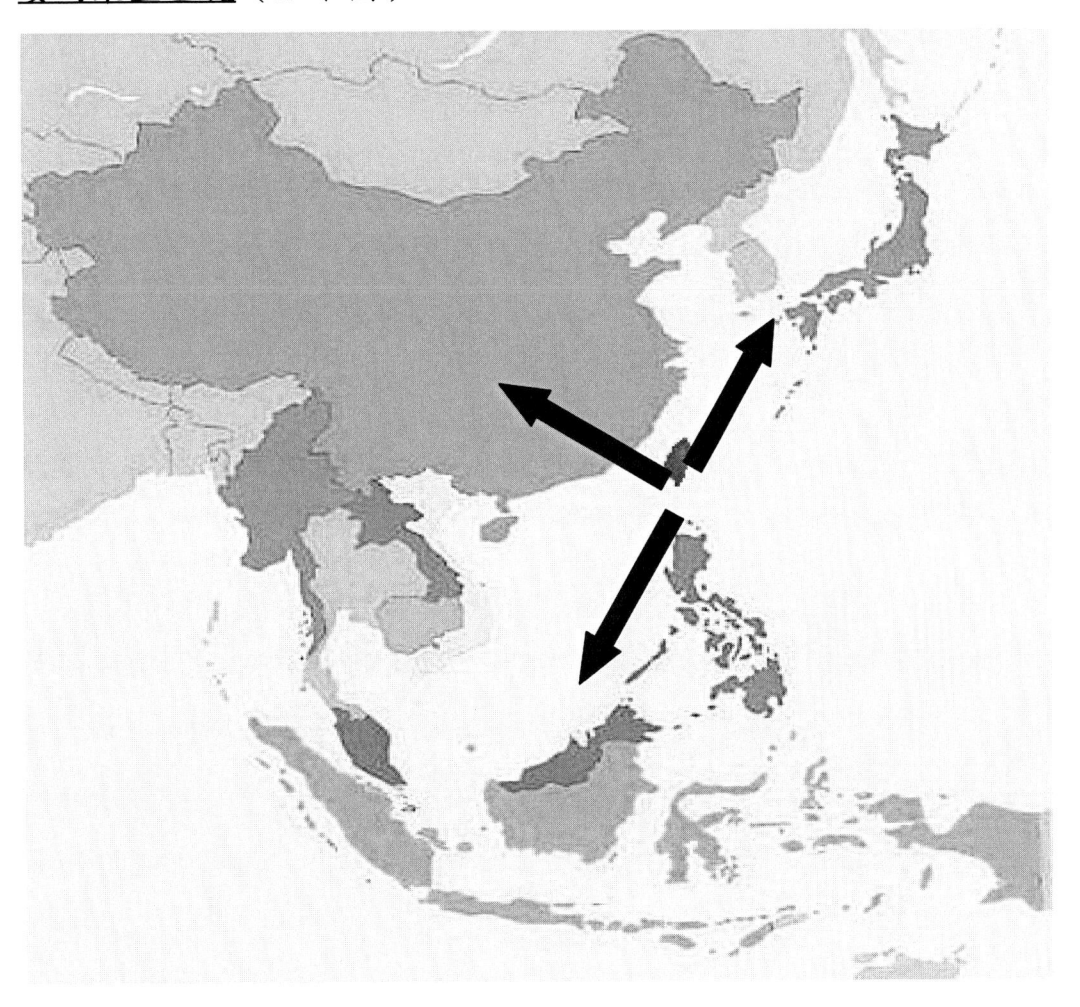

依此一規劃，中部地區將成為我國面對中國大陸、迎向中國大陸並與之交流與合作的主要地方區塊，而合併升格後的「台中市」則將成為與對岸交流的重要窗口與平台。本屆「海洋論壇」亦在此一概念與構想下，首創與中國大陸專家學者齊聚一堂，共同討論兩岸未來在海洋事務合作的可能性。本系亦將持續秉持此一理念與構想，賡續推動召開「海洋論壇」，並以兩岸合作為主要基礎，再視情況邀集周邊其他國家，共同探討形塑區域海洋事務合作機制的可能性。

有鑑於此，依據本次研討會眾多專家學者之專業見解，本系提出以下之政策建議，作為政府政策之參考，也作為本系偉來努力之目標。

（一）**建構兩岸海洋事務協商機制，並制訂高位階之「兩岸海洋合作架構協議」**：兩岸在推動海洋合作的實務上，亦可比照兩岸經濟合作的發展模式，建立實務協商機制，並透過此機制制訂一個高位階的「兩岸海洋合作架構協議」，內容可比照中國大陸與東南亞國家所簽訂之「南海行為準則」，藉以作為兩岸推動海洋事務合作的「成文法規」與行為依據。此一「架構協議」之簽署，可以讓西太平洋（尤其是南海）海域周邊國家瞭解兩岸在海洋事務上互動的狀況，保持一定程度的透明化，並考慮讓第三方參與兩岸的合作事務，此舉將可化解他國的疑慮。

（二）**配合中央與地方政府體制規劃，將台中市視為兩岸海洋事務合作的基礎平台**：從地緣政治的角度分析，台中市居於面對中國大陸的關鍵位置，且在中國大陸積極規劃的「海西經濟區」中，佔有重要地位。若能將台中市設定為對中國大陸海洋事務合作的平台，不僅符合我國的行政區域規劃總體政策目標，也可明確台中市在我國的區域發展定位。為了推動此一構想，也應考慮在台中市設立一個「海洋事務智庫」，以研究並推動相關計畫。

兩岸合作事務應從「非政治性」議題切入：綜合與會者的各項觀點，大家均認為「海洋」仍是具有「主權」意涵的土地，只是在兩岸間應該以「模糊」的角度來加以看待，此亦正符合兩岸政府目前推動兩岸關係和平發展的基本原則，即「求同存異」、「擱置爭議」。在海洋事務合作層面，兩岸也應從「非政治」議題切入，如與會學者所提，例如海洋保育、環保、打擊犯罪等「低階政治」議題。

二、活動籌備紀要

本次活動，幸賴國家安全會議詹委員滿容、海巡署鄭副署長樟雄，以及行政院大陸事務委員會、行政院海巡署以及亞太和平發展基金會等產官學各界鼎力相助，致使活動得以順利舉辦。活動概念，於 99 年 2 月由本系高少凡老師以及陳建仁老師提出構想，經近二個月的規劃後，於 3 月中開始聯繫與籌辦工作。

活動規劃內容，乃鑑於近年來馬英九政府上台後所帶動兩岸關係的和緩，兩岸對於相關海域的資源開發、共同打擊犯罪、海上救難以及領海安全等相關議題亦顯得至關重要，並亟待新的政策思維與合作方向。面對國際秩序與情勢的轉變，如何重塑海峽兩岸的互信合作的關係，將希冀藉由邀請國內與中國大陸熟悉海洋事務之學者，一同針對海洋政策與合作之議題進行意見交換與學術交流。全部活動籌畫，納入三十位工作人員，共進行十餘次籌備會議，於經過詳細工作分配之後，使得以相關活動順利進行。

東海大學政治學系目前每學期持續舉辦海洋事務論壇，希冀建構本論壇為國內社會科學界，以及未來兩岸對於海洋事務合作研究之平台。參與此次論壇之全體工作人員皆克盡心力，務使活動順利舉辦，而缺失部分亦可為接下來後繼工作人員參考之用，以使活動更加周全。

(一)活動期間：

會議時間為民國九十九年五月十二日星期三，於東海大學省政大樓大會議廳舉辦論壇。每一場次約有 200 人左右的校內外各界人士參與，全部活動順利結束，整體過程尚稱圓滿。

(二)活動地點：

本次海洋論壇於本校省政大樓大會議廳舉辦，議程相關內容，如下表所示。

(三)活動內容概述：

1. 論壇開幕與專題演講：

　　本次活動，由於活動籌辦與規模獲得校方肯定，本校程校長海東特別撥冗參加開幕典禮，並擔任致詞嘉賓，使活動平添光彩。此外，本次第四屆舉辦海洋論壇特獲國家安全會議詹委員滿容以及海巡署鄭副署長樟雄蒞臨指導，並為會議致詞，增添整體活動精彩程度，促使活動後續順利舉行。

2. 研討會部分：

　　研討會第一場次，安排復旦大學政治學系臧志軍系主任、中興大學國際政治研究所蔡明彥所長、南華大學國際暨大陸事務學系張子揚系主任擔任發表人，並另邀東海大學社會科學院傅恆德院長擔任主持。

　　第二場次邀請政治大學東亞研究所邱坤玄所長擔任主持人，並由政治大學國際關係研究中心甘逸驊副研究員、東海大學政治學系許湘濤副教授擔任發表人。另外，由於中國大陸方面入台手續趕辦不及，此場發表人南京大學政府管理學院楊丹偉教授無法來台，而楊丹偉教授由於已提供文章，則委由東海大學通識中心潘兆民副教授代為發表。雖然楊丹偉教授與部分大陸學者最終無法如期來台，但所有發表人由於皆為海洋政策與合作領域學有專精之學者，所發表之文章皆為一時之作，贏得與會人士一致好評與認同，並激起許多共鳴與討論。

3. 圓桌論壇：

　　圓桌論壇部分，主要以兩岸海洋事務的合作：困境、策略與展望為主。主持人由東海大學政治學系宋興洲系主任擔任，開始整場次的對話。邀請政治大學東亞研究所邱坤玄所長、復旦大學政治學系臧志軍系主任、政治大學國際關係研究中心甘逸驊副研究員、中興大學國家政策與公共事務研究所袁鶴齡所長參與。

(四)活動實質成果：

1. 舉辦研討會，促進學術交流：

本次活動,上午主要為東海大學程校長海東、國家安全會議詹諮詢委員滿容、海岸巡防署鄭副署長樟雄以及東海大學政治學系宋主任興洲為本次海洋論壇的開幕場進行致詞,接下來由國防部楊副部長念祖進行專題演講,其題目為「現階段台海情勢與國防轉型」。下午則舉辦兩場研討會以及一場圓桌論壇,研討會的部分,由國內學者以及中國大陸學者共同進行發表,並互相進行評論雙方提出各自論點討論,促進彼此對於各自海洋政策與合作內容上的瞭解;至於圓桌論壇則由國內學者與中國大陸的學者進行發表,從同為華人的中國觀點來看台灣的海洋事務,又是激發出不同的學術交流內容,使得本次研討會之舉辦,充分獲得預期之成果。而研討會總計有 6 篇文章發表,相關主題如下表所示。

場次	發表人	主題
一	臧志軍系主任	在「第四屆海洋事務論壇:海洋事務與兩岸合作新思維」上的發言
一	蔡明彥所長	海洋安全合作架構的發展與實踐
一	張子揚所長	海洋事務與兩岸合作新思維的理論基礎
二	楊丹偉教授	海權與兩岸關係
二	甘逸驊副研究員	台海兩岸在南海問題合作的前景
二	許湘濤副教授	海洋事務與兩岸合作新思維的實踐—共同、集體、全面、人類安全?

2. 圓桌論壇促進學界與政界直接互動:

下午場針對海洋事務與政策的議題另舉辦一場圓桌論壇,由本系主任宋興洲教授主持開場。與會貴賓各撰寫約 1000 字以內關於兩岸海洋事務的合作的內容,各自發表評悉與說明台灣相對發展狀況,使兩地學者以及政界人士充分交換意見。除此之外,由於現場聽眾踴躍,特開放與會人士針對在場學者專家之意見提出問題,使論壇內容更為多元,豐富學術知識,也使學術更能貼近實務。

後　　記

　　第四屆海洋事務論壇能夠圓滿成功，是許多人共同合作的結晶。首先，感謝官方的陸委會與長期以來支持本系舉辦歷屆海洋事務論壇的海巡署、民間的亞太和平發展基金會與漢珍數位圖書公司對東海大學政治學系的指導與贊助。其次，感謝所有與會貴賓的蒞臨指導，特別是不辭辛苦遠道從大陸來的臧志軍教授以及因為簽證問題而不克前來的楊丹偉教授。復次，感謝本屆論壇的全體工作人員，也是本系的研究所碩士生的辛苦付出（文堂、峻賓、晃允、佑勳、國婷、惠雯、黃強、淑蓉、煜霖、佳琪、瑋婷）。最後，感謝華藝數位股份有限公司的慷慨出版，以及張芸、古曉凌、以及鄭家文三位編輯的細心的校對與熱情的服務。

東海大學政治學系　高少凡與陳建仁　謹誌

國家圖書館出版品預行編目資料

海洋論壇會議實錄／高少凡、陳建仁 主編 --
初版. -- 台中市：東海大學政治學系；臺北縣永
和市：Airiti Press, 2010.10
面；公分　參考書目：面
ISBN　978-957-9104-83-8 (平裝)
1. 海洋　2. 公共行政　3. 公共政策　4. 兩岸
交流　5. 會議
573.958　　　　　　　　　　　　99020767

海洋論壇會議實錄

主編者／高少凡、陳建仁
發行人／宋興洲
出版單位／東海大學政治學系 & Airiti Press Inc.
總編輯／張芸
執行編輯／古曉凌、鄭家文
封面編輯／吳雅瑜
發行單位／東海大學政治學系
　　　　　台中市西屯區台中港路三段 181 號

　　　　　Airiti Press Inc.
　　　　　臺北縣永和市成功路一段 80 號 18 樓
訂購方式／東海大學政治學系
　　　　　台中市西屯區台中港路三段 181 號
　　　　　電話：(04)2359-0121 分機 36200　　傳真：(04)2359-0256
　　　　　服務信箱：politic@thu.edu.tw

　　　　　華藝數位股份有限公司
　　　　　戶名：華藝數位股份有限公司
　　　　　銀行：國泰世華銀行　中和分行
　　　　　帳號：045039022102
　　　　　電話：(02)2926-6006　　傳真：(02)2231-7711
　　　　　服務信箱：press@airiti.com
法律顧問／立暘法律事務所　歐宇倫律師
ISBN／978-986-6286-00-1
出版日期／2010 年 10 月初版
定價／新台幣 280 元

版權所有・翻印必究　　Printed in Taiwan